农政与发展研究丛书 | 小 书 | 新 作 | 大思想 |

农政与发展研究丛书　｜ 小　书 ｜ 新　作 ｜ 大思想 ｜

Class Dynamics of Agrarian Change

# 农政变迁的阶级动力

〔英〕亨利·伯恩斯坦（Henry Bernstein）　　著

汪淳玉　　　　译

叶敬忠　　　译校

社会科学文献出版社

SOCIAL SCIENCES ACADEMIC PRESS (CHINA)

根据加拿大弗恩伍德出版社（Fernwood Publishing）2010年版译出

# 丛书总序

　　国际农政研究会（Initiatives in Critical Agrarian Studies，ICAS）组织出版的"农政与发展研究丛书"属于"小书、新作、大思想"。其中每一部著作都是对某一特定的农政与发展主题的解读。它们源自这样一种考虑，即：围绕某一特定主题，当前存在哪些主要的论点与争议？这些论点是如何出现的，又是怎么变化的，以后的走向如何？谁是这个领域的顶尖学者、思想家与政策实践者？有哪些重要的参考文献？为什么非政府组织成员、社会运动活动家、官方发展援助机构和非政府捐助机构、学生、学者、研究人员以及政策专家有必要了解书中讨论的问题？每一部著作都运用了不同国家、不同地区的真实案例，糅合了对理论和政策的讨论。

　　在丛书发轫之初，"农政变迁"这一宏大命题就吸引了来自五湖四海、各流各派的学者、活动家和发展实践者。"农政变迁"，从广义上而言，是指一个土地—农村—农业的场域，这个场域并非独立于其他部门与地理范围而存在，而是与之有密切的关联，如工业与城市等。丛书在明显偏向于劳动阶级、偏向于穷人的立场之上，着重推动对"变迁"动力的理解。同时，丛书不仅希望帮助人们以不同的方式解释或再解释农政世界，而且希望改变这个世界。当代新自由主义全球化的过程使农政世界发生了重大转型，我们因此需要以新的方式来理解结构环境与制度环境，以新的视角来研究如何改变这些环境。

国际农政研究会是一个世界性的组织，由农政与发展研究领域内志同道合的学者、发展实践者和活动家组成。它是一个具有批判精神的学者、发展实践者和社会运动活动家共享的空间和平台。它提倡多元的、不同的思想在这里激烈交锋。它的成立是为了在学者、发展政策实践者和社会运动活动家之间建立联系，在南北、南南之间建立联系，在农业农村部门与工业城市部门之间建立联系，在专家与非专家之间建立联系。它提倡加强知识的共同生产与分享。它鼓励批判性思维，这意味着要审视惯有的假设与已有的命题，要构想、寻求并推出新的考问方式。它鼓励投身于研究和学术，强调研究与学术要对学界有益，要与社会关涉，更要站在穷人一边。

本丛书得到荷兰发展合作基金会（ICCO）的资金

支持，以多种语言出版。主编包括萨图尼诺·博拉斯（Saturnino Borras）、露丝·霍尔（Ruth Hall）、马克斯·斯波尔（Max Spoor）、亨利·费尔特迈尔（Henry Velt-meyer）和叶敬忠。

# 前　言

　　《农政变迁的阶级动力》是国际农政研究会（ICAS）组织出版的"农政与发展研究丛书"的第一部。本丛书首先推出亨利·伯恩斯坦的著作，缘由有二。其一，它以政治经济学的分析视角进行农政研究，这具有极其重要的理论意义。其二，它具有世界级大师的水准。它为整套丛书设定了基调并提高了门槛。在本书之后，其他各部必然也需兼具政治的关怀与科学的严谨。编者在此对丛书略做介绍，并说明这本著作在国际农政研究会的学术工程和政治理想中的重要意义。

　　今天，全球贫困问题在很大程度上发生在农村，农村贫困人口占世界总贫困人口的3/4。因此，全球贫困以及消除全球贫困这一多维度议题（涉及经济、政治、社会、文化、性别和环境等多方面）就与农村劳动人民的抗争紧紧地结合在一起。他们抗争的对象是不断制造和再生产农村贫困现状的体制，抗争的目的是获得可持续的生计。在此背景下，农村的发展成为整体发展思考中的重要部分。然而，这并不意味着将农村问题与城市问题割裂开来。我们面临的挑战恰恰是如何更好地理解这些问题之间的关联，而新自由主义政策为农村贫困设计的脱贫之路以及主流国际金融机构与发展机构为全球贫困之战投入的努力只是简单地将农村贫困置换为城市贫困。

凭借身后财阀的资助，一些主流思想一直控制着农政研究活动的开展和成果的出版。诸多宣扬这些主流思想的机构（如世界银行）非常善于编写和推广那些政策导向的、通俗浅显的出版物，使之在全球范围四处传播，并借此对世界范围的农政研究颐指气使。世界顶尖学术机构中的一些批判思想家正以多种方式对这股主流趋势发起挑战，然而，他们的著述大多囿于学术圈之内，普通大众知晓甚少，影响力有限。

无论是在南方国家还是在北方国家，研究者（教师、学者和学生）、社会运动活动家和发展实践者都迫切需要带有批判视角的农政研究著作。这些著作除了应当具有科学的严谨和政治的关怀之外，还应该紧扣政策，明白易晓，且价格实惠。为了满足这一需求，国际农政研究会推出这套前沿性的著作。这些著作将围绕特定的农政与发展主题，研究和讨论与之相关的一些主要问题。

　　"农政与发展研究丛书"以多种语言出版。除英文版外，还有中文、西班牙文、葡萄牙文、印度尼西亚文、泰文、意大利文、日文、韩文和俄文等多种语言版本。中文版由中国农业大学人文与发展学院的叶敬忠负责翻译出版。西班牙文版由墨西哥萨卡特卡斯自治大学的劳尔·德尔加多·怀斯（Raúl Delgado Wise）、西班牙巴斯克地区的埃内·比什卡亚（Ehne Bizkaia）和玻利维亚铁拉基金会的贡萨洛·科尔克（Gonzalo Colque）负责。葡萄牙文版由巴西圣保罗州立大学的贝尔纳多·曼卡诺·费尔南德斯（Bernardo Mançano Fernandes）和巴西南大河州联邦大学的塞尔吉奥·施奈德（Sergio Schneider）负责。印度尼西亚文版由印度尼西亚加札马达大学的拉克希米·莎维德丽（Laksmi Savitri）负责。泰文版由泰国清迈大学的查央·瓦达纳普提（Chayan Vaddhanaphuti）负责。意大利文版由意大利卡拉布里亚大学的亚历山德拉·科拉多（Alessandra Corrado）负责。日文版由日本京都大学的久野秀二（Shuji Hisano）、近畿大学的池上甲一（Koichi Ikegami）和明治学院大学的舩田·克莱森·萨雅卡（Sayaka Funada-Classen）负责。韩文版由韩国农业与农民政策研究所的宋元揆（Wonkyu Song）负责。俄文版由俄罗斯联邦总统国民经济与国家行政学院的提奥多·沙宁（Teodor Shanin）和亚历山大·尼库林（Alexander Nikulin）负责。

鉴于本丛书的背景与目标，编者欣然首先推出亨利·伯恩斯坦的著作。它切合丛书的主题，可读性强，观点中肯，而且行文严谨。编者欢欣满溢，对本丛书的前景充满信心。

萨图尼诺·博拉斯

露丝·霍尔

马克斯·斯波尔

亨利·费尔特迈尔

叶敬忠

2010 年 8 月

谨以此书纪念我的父亲和母亲

哈里（Harry）和埃丝特（Esther）

# ｜致　谢｜

　　首先，我要感谢萨图尼诺·M.博拉斯，感谢他构想了关于农政变迁的"小书、大思想"系列丛书，并费心使之实现，感谢他邀请我创作其中的第一部。我期待本书能够激发本丛书中的其他著作者进行卓有成效的论战。

　　我诚挚地感谢与我长期合作的同事特伦斯·J.拜尔斯（Terence J. Byres）。从1985年到2000年，我和他同为《农民研究》（*Journal of Peasant Studies*）的主编。从2001年开始，我们又共同创办了《农政变迁》（*Journal of Agrarian Change*）期刊。这两本期刊都致力于探索历史与当代农政变迁的阶级动力。

　　本书的撰写经过了长期的思考。在思考过程中，我受益于众多学者的著述。其中一些人的名字已经出现在正文或参考文献中，恕不在此一一列举。在写作过程中，我面临筛选素材、归纳总结以及确立行文风格等问题，

1

而如果没有阅读本书初稿的各位同志的建议，本书绝不会呈现如今的面貌，这些同志有：埃莱娜·巴廖尼（Elena Baglioni）、亚伊勒斯·巴纳吉（Jairus Banaji）、特伦斯·J. 拜尔斯、延斯·莱尔歇（Jens Lerche）和托尼·魏斯（Tony Weis）。当然，他们也不会完全认同本书的观点，容我在此声明，本书文责自负。

# 目　录

# | 第一章 |
# 农政变迁的政治经济学

《农政变迁》（*Journal of Agrarian Change*）在其创刊语中指出，农业政治经济学旨在"考察历史与当代农业生产和再生产的社会关系与动力，考察农业结构及其变化过程中的财产与权力"。而了解现代社会农政变迁的重点在于分析资本主义及其发展。在我看来，资本主义是一个生产与再生产体系，它建立在资本与劳动力的基本社会关系基础之上：资本为追逐利润和积累而剥削劳动力；劳动力不得不为资本工作以获得生活资料。这一最初的定义较为宽泛，它本身存在许多复杂之处，也面临诸多外在挑战。这本书就是要对此进行探讨和解析。

我想先设定本书的背景，介绍采用的方法以及该方法将解决的一些关键问题。

# 大背景：农耕与世界人口

托尼·魏斯（Tony Weis 2007：5）告诉我们，"当代全球食物经济的起源可以通过考察一系列革命性的变迁而得以追溯。这些剧烈变迁在历史上一度历经数千年才会出现，后来其间隔缩短至数百年，而现在仅仅每隔几十年，剧变就会发生"。

数千年变化：自一万两千年前以来，各种方式的农耕活动是社会的物质基础。所谓数千年变化，是指这些变化虽然影响重大，但它们的发生是渐进的，或更通常的说法是"进化的"。当时，几乎全部的亚洲地区、北非和欧洲的农耕区，以及部分地广人稀的撒哈拉以南非洲地区和美洲地区都属于农业文明。在这些农业社会里，绝大多数人是在土地上耕作的小农。到1750年为止，他们养活了全世界约7.7亿人口。

数百年变化：自18世纪下半叶开始，工业化的出现和扩张开始缔造一种新的世界经济，"加速了历史的绵延"，改变了农耕方式。世界人口从1750年的7.7亿增加到1950年的25亿。

数十年变化：世界人口在2000年猛增至60亿（估计到2050年会达到约90亿）。这意味着农业生产率的提高跟上了人口增长的速度。2008年，在世界范围内，城市人口首次与农村人口持平，并开始超过农村人口。

因此，大背景之一就是食物生产的增加和世界人口的增长，尤其是 20 世纪 50 年代以来的增长。这是资本主义的发展以及它所创造出的世界经济发展的两个方面。另一个背景就是大规模的全球不平等，包括收入和生计安全、生活质量、预期寿命以及生产率等方面的不平等。尽管全球生产的食物养活所有人口还有富余，但是很多人在大部分时候或者有生以来一直在忍饥挨饿。

## 今天，谁是农民？

### 几组数据

随着国家的逐步工业化，农业劳动人口的比例呈下降趋势。到 2000 年，美国的农业人口比例为 2.1%，欧盟为 4.3%（当时有 15 个成员国），日本为 4.1%，巴西和墨西哥分别为 16.5% 和 21.5%。中国的农业人口比例从 1978 年的 71% 下降到目前的不足 50%，但数量上仍然达到 4 亿人。此外，印度还有 2.6 亿农业人口，非洲还有 2 亿，在这两个地区农业人口都占到其经济活动人口（economically active population）的 60% 左右。这表明世界上绝大多数农业人口在第三世界或南半球。

这一观察也符合联合国粮农组织（FAO）的权威估

算。今天，"世界上有13亿人口从事农业生产，其中97%
生活在发展中国家"（World Bank 2007：77）[1]。这13
亿人口中只有一部分人被认为是真正的"农民"，这取
决于他们在什么时候、在哪些地区、属于哪种类型的农
民：是在每年农事活动中的农忙时节？在多雨的年份还
是少雨的年份？在市场较好的年份还是市场欠佳的年份？
换言之，并非所有的农民在所有时候都是农民。许多农
村人口在严格意义上并非真正的"农民"，也许有些农
村地区的大多数人口在某些时候或一直以来都不是严格
意义上的"农民"，因为他们缺少土地或其他生产资料，
靠自己无法进行耕作，或者他们只从事"边缘性"的农
耕活动。彼得·黑兹尔等学者（Peter Hazell et al. 2007：
1）指出，边缘农业（marginal farming）"无力提供足够
的劳动量或收入，不足以成为维持家庭生计的主要途
径"。例如在印度，"边缘农业"指的是土地面积小于1
公顷的农业生产。在全部拥有土地的人口中，有62%属
于这类情况，但他们一共只占全国耕地面积的17%。

**概念：小农与农民**

有一些概念常常被交替使用，容易让人迷惑，比如
"小农"（peasant）、"小规模农民"（small farmer 或 small-
scale farmer）以及"家庭农民"（family farmer）。这不仅
是一个语义学的问题，在分析意义上也是一个重要问题，

存在很大差异。"小农"这一术语通常指为了简单再生产，而且显然是为了满足自身食物需要（维持生存）而从事家庭农业的农民。此外，"小农"还常常被附加一些假定的特质，如村庄的团结、互惠和平等，以及对以家庭、社区、血缘和地缘为基础的生活方式及价值观的认同。确实，很多关于"小农"（以及"小规模农民"和"家庭农民"）的定义与用法带有明显的规范性要素，目的性很强，即"站在农民一边"（taking the part of peasants）（Williams 1976），反对在缔造现代（资本主义）世界过程中摧毁或损害农民的一切力量。在我看来，"小农"（peasant）和"农民（群体）"（peasantry）等术语最好用于分析，而不是用于价值判断，并且应当尽量在两种历史条件下使用：一是在前资本主义社会中，当时大多数人是小规模的家庭农民（见第二章）；二是在向资本主义过渡的过程中（见第三章与第四章）。

随着资本主义的发展，小规模农业耕作（small scale farming）的社会性质也发生了变化。首先，"小农"成了小商品生产者，为了维持生计，他们不得不融入更为广阔的劳动和市场的社会分工。这种"生活资料的商品化"（commodification of subsistence）是资本主义发展的核心动力，这一点将在第三章阐述。其次，小商品生产者受阶级分化的影响和支配。第三至六章阐述了这些过程的历史框架，第七至九章进一步探讨了其理论基础。

我认为，由于阶级的形成，单一的小农或家庭农民阶级不复存在，相反，出现了不同的农民阶级，如小规模的资本主义农民或农场主、相对富裕的小商品生产者以及雇佣劳工。

有的文献考虑到规模问题，将"小规模农场"（small farm）定义为耕地面积小于 2 公顷的农场；而有的文献认为南半球"小规模农场"的特征是生产技术低下，依赖于家庭劳动力，且以维持生计为目标（即具有类似"小农"的特质）。因此，一个标准是空间范围（农场面积），另一个标准是社会层面（耕作特点）。这两个标准因耕作条件不同会产生分歧，例如：

> 在拉丁美洲的很多地区，面积为 10 公顷的农场也低于全国平均水平，这些农场大部分依靠家庭劳动力经营，所生产的产品主要是为了生存。而在印度西孟加拉邦（West Bengal）的灌溉区，同样大小的农场已经大大超过该地区的平均水平，很可能雇用大量的劳动力，并有丰富的剩余农产品用于出售。（Hazell et al. 2007：1）

另外，"家庭农场"（family farm）一词常常包括家庭拥有（family-owned）的农场，以及由家庭管理（family-managed）或由家庭劳动力耕作（worked with family labour）的农场。有些"家庭农场"包含了所有上述特征，但有些"家庭农场"并非如此，我将在第七章做进一步的阐述。

**南半球印象**

行文至此，我已经对农民进行了有关统计、定义和概念的讨论。这里再提供印度北部、孟加拉国、坦桑尼亚、巴西和厄瓜多尔五个农耕片段的简要介绍。

（1）20世纪60年代末，印度的一些地区采用了资本密集型的农业新战略。政府掌握了实现这一宏大梦想的方法：在中上阶层开展先进的农耕活动。短短一到两年内，几乎每个地区都有前印度地主（ex-zamindars，亦称柴明达尔）种上的示范性优良作物……这些地主拥有多达四五十英亩或上百英亩的农场，种植了最新引进的墨西哥小麦和菲律宾水稻。他们的管井每小时要喷出16000加仑水，其中不少管井以高价出租。他们还有拖拉机、冷库和堆满肥料的仓库。（Whitcombe 1980：179）

（2）靠收益分成（sharecropping）的佃农的日子还是不好过。"我要干所有的农活，到了收获季节，马哈茂德·哈吉（Mahmud Haj）要拿走一半的收成。我也会出去打零工，至少每晚还能给家里带回点米，尽管也还不够吃。但是如果我只在租种的土地上干活，就得等到收获季节。而且我既没有牛，也没有犁，只能向邻居家租用。租金特别高，我要为邻居家耕两天的地才能用一天他们家的牛。在这个国家，一个人的劳动力价值只有两头牛的一半！"[一位无地农民，转引自哈特曼和博伊斯（Hartmann and Boyce 1983：163）]

（3）妇女给咖啡树除草，摘收咖啡豆，碾磨后铺开晒干，然后装包称重。但如果价钱卖得好，她们的丈夫会拿走所有的钱。他们给每个妻子200先令，第二天就爬上开往城里的汽车。大部分时候他们会待在旅馆里，直到钱都花光。然后回家打老婆，质问她们："为什么没给咖啡树除草？"她们从事奴隶般的劳动，不管什么活都得干，而且无休无止。[一位农村妇女活动家，转引自姆比利尼（Mbilinyi 1990：120 - 121）]

（4）一切原因就在于土地投机：2000公顷的原始森林被砍伐殆尽，其中1000公顷的土地变成了牧场，靠橡胶树为生的采胶人失去了生活来源，并因此导致了亚马孙流域（也属于部落的领地）对开采资源的争夺战。印第安人……并不希望土地私有，我们希望它属于我们自己的联合会，而采胶人享有土地使用权。（1980年）一位领导了亚马孙流域所有运动的重要领袖被暗杀,是那些地主把他杀了。七天后,工人们实施了报复,干掉了一个地主。正义就是这样来的。[(Mendes 1992:162,168)采访记录在1988年12月22日门德斯(Mendes)被谋杀后发表]

(5)庄园主在危机爆发的时候搬到了瓜亚基尔(Guayaquil)。我父亲和他很熟,不管我们租种多少土地他都会同意。庄园主只是想有个人帮他看着他的地,直到可可的价格好转。哈维尔(Javier)和我有个小农场,我们种些玉米、菜豆和水果。我们甚至还有一两头牛,但我们过得很艰难,有时候没法卖掉种出来的东西,而且家里只有我和我丈夫。我们一起在地里干活,没有孩子可以帮着干,我的家人也帮不了多少。所以我们俩什么活都得干。我们既没有工具,也没有资源。土地也不真正属于我们。最终,我说,我们像哈维尔的兄弟帕科(Paco)那样去瓜亚基尔吧。[一位厄瓜多尔外出女工,转引自施特里夫勒(Striffler 2004:14-15)]

第一个片段描述的是印度的富裕农民,他们在20世纪60年代后期政府引入绿色革命以后通过粮食生产获得了财富,成为渔利最多的群体。伊丽莎白·惠特科姆(Elizabeth Whitcombe)指出,这些人是以前的印度地主

或土地所有者，但他们当中也有些人累积了足够的资产
而成为资本主义农场主（Byres 1981）。他们拥有高度资
本化的农场。他们种植绿色革命中引进的高产小麦和水
稻新品种，并能够调动大量的生产投入来获得最高产出，
包括拖拉机、抽水泵，以及堆积在他们的"仓库"或储
藏室里的肥料等。他们所使用的这些高产品种来自世界
上遥远的农业试验站，并且能够留种以备将来。他们的
农场规模比巴西类似的农场小得多，但相比于大部分与
他们相邻的农场，以及孟加拉国或坦桑尼亚的几乎所有
农民来说，他们的农场规模已经十分庞大。

第二个片段是关于孟加拉国一位失去土地的贫苦农
民，它与第一个片段在很多方面形成了对比。它揭示了
人们为了维持生计而进行的艰苦的日常努力，特别是为
了最基本的需求：保证有足够吃的。这位农民租用土地、
役畜和耕犁来种植水稻，也为别人打零工。与第一个片
段相比，它只提供了该佃农所在农村的场景。此外，文
中提到的打零工现象可能会促使我们思考：谁在为第一
个片段中所描述的印度北部的商业化农场提供劳动力？

来自坦桑尼亚的第三个片段清晰地描述了高度不平
等的性别关系（参见第二章）。不同于前面两个片段，
它涉及了出口到国际市场的产品。在这个案例中，该产
品是由小规模农民生产的。我们可能会想知道，投入到
咖啡生产中的土地、劳动力和其他资源如何影响了用于

家庭消费的口粮的生产。在收成很好的年份所获得的报酬（这极有可能是全年的现金收入），并没有用来满足家庭的需要，而是被家庭的男主人挥霍一空。

在巴西的片段中，我们遇见了在现代世界的农政历史中早已熟悉的主题：不仅仅是对于森林的争夺，还包括有关土地的不同用途之争。在这个案例中，是那些以橡胶树为生的采胶人与那些想要砍光森林兴建大牧场或种植大豆（这些豆类被加工成动物饲料）的人之间的斗争。我们也可以看到，这其中还有土地产权的概念之争：土地究竟是供所有者专用的私产，还是供特定的社区或群体分享使用权的公共资源，即特定的社区和群体共同拥有土地的权利？而且，因为很多国家有被殖民的历史，这类冲突还发生在不同种族、不同文化、拥有不同权力的群体之间。

最后一个片段描述了厄瓜多尔一对年轻的、没有土地的农民夫妇——玛丽亚（Maria）和她的丈夫哈维尔，他们在租种的属于庄园主的土地上尽力勉强耕作。庄园在拉丁美洲是相对较大的地产。这位庄园主原来种植的是可可，但在可可价格急剧下跌（即片段中所说的危机）之后，他将土地抛荒了。在这里，我们看到另外一种出口到国际市场的农产品（即可可），就像坦桑尼亚出口的咖啡，以及巴西出口的大豆和牛肉一样。同时我们也看到了小规模农业耕作的困境。玛丽亚告诉我们，她和她的丈夫哈维尔没有足够的劳动力谋生，这涉及他们耕作的土地类型和不得不使用的工具。她也表示，尽管他们种植作物是为了糊口，但也需要出售一部分农产品，因为他们需要用现金去购买自己不能生产的必需品。因为还年轻，他们决定像哈维尔的兄弟帕科那样，前往位于厄瓜多尔太平洋海岸的一个大型港口城市瓜亚基尔，看能不能在那里过上更有保障的生活。

这五个片段描绘了多种形式的耕作类型和它们的社会关系、农产品的市场环境、农业"投入"与劳动力，以及在南半球不同地区不同类型的人进行耕作的环境条件。这些多样的形式使我们不可能进行简单的经验上的概括。尽管如此，这些片段通过当地的特有细节，让我们看到了如下这些在农政变迁中更为广泛的主题和农政变迁的动力：

- ❑ 农村的阶级与性别分化；
- ❑ 土地权属的分割、劳动的分工，以及劳动成果的分配；
- ❑ 财产与生计、财富与贫困；
- ❑ 殖民地的遗留影响与国家的行为；
- ❑ 农业发展的路径与国际市场（技术、资金以及农产品）；
- ❑ 权力关系与不平等状况，以及为了维护这些权力关系与不平等状况而出现的斗争和暴力，包括从坦桑尼亚的"家庭"（性别的）暴力到巴西的有组织的阶级暴力。

为了讨论以上主题，本书运用了农业政治经济学的理论，或者从更广义上而言，是资本主义政治经济学的理论。这些理论来源于卡尔·马克思（Karl Marx）。

## 马克思的政治经济学

19世纪50—70年代，生活在英国的马克思（1818—1883年）目睹了世界第一次工业革命带来的种种转型。在其（未全部完成的）伟大的理论著作《资本论》一书中，马克思致力于阐明在当时最先进的工业形式下"资本主义生产方式"的主要关系和动力。在马克思看来，资本主义特别是工业资本主义，就其本质及后果而言是世界性的。作为一种新的、革命性的生产方式，它的产生并非自然而然或不可避免。但一旦它建立剥削与积累、竞争与生产能力不断发展的特有逻辑（见第三章），它就会强行侵入世界的每个角落。

马克思根据欧洲西北部工业资本主义的情况，分析了资本主义的生产方式。这也留下了大量可供讨论与解释的空间，比如现代工业化之前以及马克思所处时代之后的资本主义历史，包括：

□ 在工业化之前的初级农业社会，资本主义是如何
发展起来的（第三至四章）；

□ 在工业资本主义确立和扩散后，它是如何影响农
业变迁的（第四至六章）。

我的目标是运用马克思关于资本主义生产方式的一些概念，来解释现代世界多样而复杂的农政历史。我将提出一些资本主义在影响世界历史过程中的一般性主题，并尽力说明这些一般性主题与各种复杂的历史特殊性之间的联系。正是这些特殊性编织了独特的历史［这里借用了人类学家迈克尔·吉瑟南（Michael Gilsenan 1982：51）在另外一种语境中的论述］。并非是说，因为马克思是研究资本主义的第一人，他就从理论上和历史上为我们提供了理解资本主义所需要的一切。确实，当我们将他的理论体系（它并不完整，但相当抽象）应用于历史的、具体的研究中时，总是会引发许多张力与争论。在对"政治经济学方法"的解释中，马克思（Marx 1973：101）指出，"具体是因为许多决定因素（determinations）的集合"，或者我们可以更泛泛地称之为"诱因"。

本书的每一章都介绍了一些理论概念与研究问题，

并且简要回顾了其历史背景，有的是高度概括性的综合。这些综合性的描述并没有考虑历史的特异性和特殊性，例如，我在第三至六章略述现代资本主义世界的形成时，就没有将这些考虑在内。对历史时期的传统划分也没有考虑这些特殊性。但在判断发生变化与否的过程中，这种历史时期的划分（通常以几个或半个世纪计）是有必要的。因为如果不进行这样的划分，我们将无法回顾历史，我们也无法考问：什么改变了，如何改变的，为什么改变了，以及什么时候改变的。与此同时，这样的划分也会简化或掩盖不连续性与连续性的复杂程度。本书中的历史时期均标志着一些重大变迁。尽管其中的一些历史过程可能包含更多的革命性变迁，但这并不意味着从一个时期到另一个时期的任何变迁过程都是无所不包和天翻地覆的，也不都是和过去的决裂。有鉴于此，本书中所采用的历史概要和轮廓只是为了展现我的分析方法。读者可以检验这一方法，既可以质疑或采用，也可以加以修改或忽略不顾。

掌握这一分析方法并评估它的效用并非易事，本书也并非很容易读懂。同样，弄懂我们所生活的这个复杂而矛盾的世界又怎么会是一件轻而易举的事情呢？我想要做的是提供一些思考的方法和工具，而不是讲述一些在意识形态上有吸引力的、简单的道德故事（例如，"小的是美好的"与"大的是丑陋的"，善良的农民与邪恶的公司农业）。

最后，对于马克思思想以及如何解释和应用这些思想的最强烈质疑，出现在马克思主义者当中，或者那些深受马克思影响的学者之间。那些熟知马克思主义历史与论述的人无疑会发现本书呈现了唯物主义政治经济学中的一些特定的诠释。但本书并不要求读者具备深厚的政治经济学知识。我也为书中出现的重要词汇提供了定义。作者唯一希望的，就是读者能够从书中发现足够多的内容，他们心有戚戚、兴致勃勃，并愿做出进一步的思考和探索。

## 注　释

[1] 南半球"小农"的数量常被那些"站在农民一边"的人夸大，有时候夸大的比例极高。例如，霍安·马丁内斯·阿列尔（Joan Martinez-Alier 2002）和萨米尔·阿明（Samir Amin 2003）提供的数据分别为20亿和30亿。

# | 第二章 |
## 生产与生产率

## 劳动与自然

　　我们要考察的是专属于人的那种形式的劳动。蜘蛛的活动与织工的活动相似，蜜蜂建筑蜂房的本领使人间的许多建筑师感到惭愧。但是，最蹩脚的建筑师从一开始就比最灵巧的蜜蜂高明的地方，是他在用蜂蜡建筑蜂房以前，已经在自己的头脑中把它建成了。劳动过程结束时得到的结果，在这个过程开始时就已经在劳动者的表象中存在着，即已经观念地存在着。他不仅使自然物发生形式变化，同时他还在自然物中实现自己的目的。

（Marx 1976：283 - 284）[①]

从最初的一般性定义来看，"生产"是一个通过劳动改变自然以满足人类生活条件的过程。正如马克思所说，劳动意味着能动性，即劳动者的目标、知识、技能和精力。在对自然环境的作用过程中，劳动者改造了他们生活的生态系统，当然，他们本身也是生态系统的一部分[1]。生产率——这一概念与生产密不可分，也与人类如何满足生活条件的问题息息相关。生产率表示的是相对于其他方式，某些生产方式所带来的结果。生产率的高低一般通过一定量的资源条件下产品数量的多少来衡量。

在农业领域，衡量生产率的一种方式是土地的产出或产量，即在一定土地面积下收获的作物产量[2]。生产率的另一种衡量方式涉及劳动，即在劳动者付出一定努力条件下的作物产量，而劳动者付出的努力一般用平均工作时间或劳动时间来衡量，或折算成平均劳动时间。劳动生产率在很大程度上取决于劳动者使用的技术或工具。例如，同样生产 1 吨粮食，使用拖拉机和联合收割机的美国农民所需要的时间和精力就比用牛和犁的印度

---

① 本段采用了中文的通行翻译，见马克思《资本论》（第一卷），中共中央马克思恩格斯列宁斯大林著作编译局译，人民出版社，2004，第208 页。——译者注

农民少得多。而印度农民所需要的时间和精力又比使用锄头和其他手工工具的撒哈拉以南非洲地区的农民少得多。

　　或者，我们也可以设想，生产者在某一段时间内使用不同的工具平均能够获得多少产出。在农业领域，一年是一个适当的时间段，因为从天气条件来看，几乎在任何地方季节性都是一个关键因素。我们发现，若非洲农民一年能生产 1 吨粮食，印度农民则能生产 5 吨，美国农民则能生产 2000 吨。印度农民的劳动生产率是非洲农民的 5 倍，美国农民的劳动生产率则是印度农民的 400 倍，是非洲农民的 2000 倍。法国农学家马塞尔·马佐耶（Marcel Mazoyer）与洛朗斯·胡达尔（Laurence Roudart）（2006：11）提供了这些惊人的数据。他们发现，自 1950 年以来，世界农业系统内最低与最高平均劳动生产率之间的差距在急剧扩大（见第五章与第六章）[3]。

　　回到我所举的那个简单的例子，我们可以得到更多的思考和发现。首先，劳动生产率的提高与使用人类体力之外其他形式的能量有关，如役畜的畜力、拖拉机和联合收割机的内燃机动力等。因此，控制并应用其他形式的能源能够使生产与生产率不再受到人类体力的限制。其次，这也使一定数量的劳动者能够耕作更多的土地。美国农场工人的人均耕作面积是世界平均水平的 50 倍（Weis 2007：83）。再次，类似于土地生产率（产量），农业劳动生产率不仅与耕作中使用的能量形式有关，而且反映了其他"投入"的质量，如所用的种子、肥料、灌溉设施等。最后，随着农业劳动生产率的提高，农业生产者人数减少，却能够养活更多的非农业人口。

生产率的不同概念和衡量方式可能彼此矛盾。例如，在某种情况下，采用土地的产出而不是劳动力的产出作为衡量标准可能更为恰当。上文表明，美国的平均粮食产量远远高于撒哈拉以南的非洲地区，但相比于劳动生产率上的巨大差距，两个地区在平均粮食产量方面的差距没有那么巨大。

另一种度量方式是由于对环境的关注而产生的，例如能量计量（这可以追溯到 19 世纪），还有近期的大气计量。这种度量方式考虑的不再是投入恒定，而是劳动过程的另一端，即产出恒定，也就是生产能够提供一定能量（或热值）的食物需要消耗多少单位的能量（卡路里）。若以这样的标准来衡量，则"低投入"农业，如锄头耕作，比"高投入"的机械化农业更有效率，哪怕它的产量和劳动生产率都低得多（因此能够养活的人更少）。

而且，我们可能还想计算使用不可再生资源之后的隐性成本，例如，农机具所消耗的石油，以及污染和其他环境损害所带来的成本（如水土流失或土壤退化）。在农业和其他经济活动中，这些就是某种特定形式的生产与消费所带来的"生态足迹"（ecological footprint）。

行文至此，我已经说明了生产率的一个方面——在农业中使用的工具和技术，也约略提到了另一个方面——劳动力的质量（以及数量），即完成某项任务所需的能力。如果劳动者并不完全具备这些能力，劳动生产率将会受到影响，例如，缺乏正确使用工具的技能（不管这些工具是锄头、犁，还是拖拉机）；或者，非洲、印度农民由于贫困导致营养不良和普遍的身体不健康，因而不能干重体力活。这里还暗含了第三个因素：不同自然环境形成了不同的农业"原材料"。这些"原材料"千差万别，可能也得到或优或劣的管理——它们或许得到保护，或许品质退化，或许得到改良。因此，生产率也取决于：

□ 土壤肥力，由于施用了有机肥或化肥，以及采用了不同的耕种方式，土壤肥力可能会得到保持、提高或退化；
□ 种子的类别和质量，这可能得到改良；
□ 水的供应和有效管理，包括在非灌溉地区应对降水的不确定性。

到现在为止，我们所谈到的生产与生产率是关于农业的一些技术条件（technical conditions）。但是，正如马克思所说（Marx 1973：86），"政治经济学并不是技术学"。农民通过农业活动将自己与他人联系起来：这种联系可能发生在农业的劳动过程之中或以外；他们所使用的工具和材料（包括他们用于耕作或放牧的土地）可能属于自己，也可能属于别人；他们的劳动所得可能完全归自己所有也可能不完全属于自己，如此等等。这些问题引导我们考察生产的社会条件（social conditions），即影响生产组织过程（包括技术条件）的人与人之间的所有关系。

## 劳动分工与合作

我们可以假定，上述例子中的三类农民自己并不制造工具。对美国农民而言，这可能是显而易见的；对今天印度和非洲的许多农民来说，也是如此，因为他们使用工厂生产出来的锄头和犁。因此，他们不得不从制造不同工具的人手中获得工具，这就是提供不同产品和服务的生产者之间的社会分工（social division of labour），这些生产者之间的活动是互补的，并通过交换产品而建立起彼此间的联系。随着社会分工越来越复杂化，更多的产品和服务跨越了更为广阔的地理空间，而相应的，这需要以有效的交通和通信为条件。

尽管我们可以假定这三类农民独自劳作，但对于生产锄头、犁和拖拉机的工厂来说，这种假定是没有意义的。工厂的生产要求劳动的技术分工（technical division of labour），即许多工人承担不同的任务，共同生产出某一种产品。因此，这就要求工人在不同劳动任务方面的专门化，他们之间要有合作和协调。生产规模因此得到扩大，超越了单个生产者独自劳动能够达到的规模。这使劳动生产率得到空前的提高，特别是相比于由一位技工单独生产制作拖拉机必需的所有配件时的生产率[4]。

劳动的技术分工越细，就越需要更为复杂的合作。通过合作，使用锄头等简单生产工具的农民也能提高劳动生产率。例如：

❑ 在建设公用设施（例如谷仓、水库）时，能够产生规模经济；

❑ 带来"互补作用"，即"个人的劳动加入作为整体才有意义的劳动过程之中"（例如，开挖灌溉渠道的某一段，或者搭建一段保护庄稼的篱笆）；

❑ 带来时间效应，即集中每个人的力量，完成必须在一个关键时期内结束的工作（这与农业的季节性有关，例如在雨季）（von Freyhold 1979：22 – 25）。

上述事例中，关于劳动的技术分工与合作主要说明了"整体大于部分之和"（the whole is greater than the sum of its parts），马克思称之为"总体劳动者"（the collective worker）；完成劳动的技术分工以及实现其对劳动生产率的影响需要社会组织；如果不考察其他人的活动，我们将无法理解任何单个的生产者或工人的劳动。

实际上，随着论述的展开，我们已经有效地拓展了我们对生产技术条件的理解，特别是关于本章开头所提到的能动性。马克思所说的"生产力"（productive forces）不仅包括技术和技术文化，也包括人们自我组织起来，做出与生产有关的决策，将决策付诸实施，并进行创新的能力，所有这些都受到生产社会条件的影响。

## 再生产

如前所述，生产过程中的许多要素本身需要被生产出来。尽管农业生产所使用的土地原本是自然的"礼物"，但它也会因为人与自然之间的互动而发生改变。例如，土地的肥力可能会降低，也可能保持不变或得到提高。如同人类的其他活动一样，所有这些耕作的要素需要被不断地生产出来，这就是再生产：再生产出生产资料（土地、工具、种子和牲畜），再生产出这一代和下一代的生产者，以及再生产出生产者之间以及生产者与他者之间的社会关系。让我们姑且假定所有这些再生产的需求、这些保证未来能够进行生产的条件，必须从目前的生产中得到满足。对于任何时间内的出产，比如收成，我们可以将它理解为各种再生产"储备"对它的需求。

我从最显而易见的消费储备（consumption fund）开始谈起。人要活下来，就必须吃饭。消费储备就是指人类每天的食品需求（还有住所、休息等其他需求）。因此，一部分收成必须供生产者自身消费，还要供那些靠生产者养活的人消费，即孩子以及因为年老或其他原因无法种地的人。

接下来，我想简述一下重置储备（replacement fund）。耕作的工具过了一段时间就不能用了；其他的一些"投入"（或者用马克思的话来说是"劳动资料"）会被更快地耗尽，比如每个耕作周期都要用到的种子和肥料。因此，一部分目前的生产必须用于重置它们。根据社会条件的不同，这种重置可能存在多种方式。在很长的历史时期内，重置是在农户家庭内部发生的，即收成的一部分被挑选出来，用作下一轮生产的种子；农民自己制作简单的工具或者请有手艺的邻居来打造（这些邻居会得到某种形式的报偿）。实际上，实现重置储备的各种用途意味着占用一部分劳动和劳动成果，例如，留下一部分收成用作种子；将上一个季节储存的粮食当作口粮，这样劳动者才能在青黄不接的时候进行对于再生产而言十分重要的劳作；或获得农民难以自己生产的基本的生产和消费资料。

在重置储备的种种用途之中，有一项尤为重要，即下一代生产者的生养与抚育，或者说，代际再生产（generational reproduction）。在本章中，我还没有提到，也没有使用"性别"的概念——这不同于马克思，他在上文的引述中就使用了古老的词语"男人"（man）来代指人类，在他的类比推论中，建筑师也被假定为男性（在他那个时代，确实几乎所有的建筑师都是男性）。我现在提到性别，是因为生育子女——这是代际再生产必不可少的第一步——是女性独有的能力，这是生物因素决定的。但是，这种能力的运用是一种社会实践，受到社会关系的影响。尽管"天性注定"了只有女性才能生育子女，但是，是否所有的女性都生孩子，她们多大的时候生孩子，还有她们生几个孩子，这些都不是"天性"使然。在有些文化中，女性还必须生出男孩，这也不是天性带来的压力。除了最初的哺乳阶段外，养育子女的责任是被移交给母亲或祖母，还是被移交给姨妈、姐姐或女佣，这些都不是"天性注定的"。同样，大部分情况下是女性在照料当前这一代生产者，如煮饭、清洁、洗衣、担水、打柴等，这也不是"天性"或生理所决定的。对于再生产而言，这些家务劳动其实与我们所提到的其他因素同样重要。

家务劳动展现了另一种更深一层的劳动分工。如前所述，劳动分工的含义之一体现在生产单位之间以及生产单位内部各种生产活动的专门化上。在性别方面，专门化是由人们在社会关系的特殊结构中所占据的位置构建的。尽管不同社会以及社会不同群体之中的性别关系迥然不同，但是性别关系——男性与女性之间的社会关系，以及影响或支撑这些关系的意识形态——为我们理解社会分工提供了最广泛的案例。随着历史的演变，这些关系也在发生着变化（这也表明从本质上而言性别关系并不是"固有的"），而且超出家务劳动的范围，延伸到包括农业系统在内的其他生产和再生产活动之中。这样，一系列劳动的性别分工出现了。

接下来是仪式储备（ceremonial fund），指将劳动产品用于创造和再创造农耕社区的文化和社会关系（Wolf 1966）。例如，耕作前的仪式，还有收获后的欢庆。另外的例子包括庆祝"通过仪式"（rites of passage）（如出生、结婚），为新组成的家庭盖新房，以及纪念社区内某位成员辞世（如守丧、葬礼）。

在所有以基本生存需求和成员活动为中心的社会里，都存在消费储备、重置储备和仪式储备。除了性别和年龄的分化以外（如长者拥有特殊的威权），在这些社会里社会分化并不明显。劳动产品的第四个也是最后一个用途是租用储备（rent fund），这里我们将进入社会关系中一个截然不同的领域。

# 剩余、剥削与积累

重置储备和仪式储备需要动用除了满足当前消费之外的"剩余"产品。这在每个社会都是如此。我们也发现，所有社会都可以按演进的顺序分为三个大的类别。我们可以恰当地将第一类社会称为"生存"社会，即在同等的消费水平（特别是不变的人口规模）基础上进行再生产的社会。这并不意味着这个社会以自身的标准而言是"贫穷"的。确实，狩猎者和采集者的小群体，或者一些从事游耕农业（焚林农业）的人，常常能用相对较少的劳动时间和精力满足自己为数不多的需求——特别是相对于农耕而言（Sahlins 1972）。

历史学家科林·邓肯（Colin Duncan 1996：13）指出，根据最常用的定义，农业不同于"游耕"和游牧，它特指"在一片划定的土地上耕作"。邓肯和其他一些学者都发现，"这是一个与以往人类和自然的互动方式截然不同的分野"（Duncan 1996：13）。在人类能够驯化动物、培育植物以后，农业开始出现，这使租用储备成为可能，历史上也因此出现了另外一种类型的社会：农业阶级社会。该社会的发展体现在人口规模和密度的增长，以及统治阶级、国家、城市和城市文化的形成上。

租用储备是指农民不得不向他人支付的东西。这些他人可能是地主，他们收取实物地租（即农民的一部分作物收成）、劳役地租（农民为地主耕作劳动）或货币地租。这些他人也可能是国家，以实物或货币的方式抽取税收，或者为了公共建设或军事服务征用劳力。这些他人还可能是有权征税或征收什一税的宗教领袖（其中有些本身也是地主）。当金融业逐渐形成时，这些他人还可能是放债者、商人，农民向他们借钱，用下一季的作物收成作为抵押[5]。

在农业阶级社会里，在满足生产者消费储备、重置储备和仪式储备的需求之上，农民还必须生产出"剩余"产品，以供养作为非生产者的统治阶级。这种占有剩余劳动的能力——生产者用于自身再生产之外的额外劳动——表明了一种剥削的社会关系。

在农业阶级社会里，统治阶级包括皇室、军阀、贵族、宗教领袖、管理官僚、商人，或拥有其中多个身份的人。他们的消费与再生产，以及为他们服务的大批扈从（如用人、士兵、教会职员、文员、宫廷画家和诗人，还有建筑师！）的消费与再生产，都是靠剥削生产者来实现的，无论这些生产者是奴隶、农奴、小农，还是工匠。其中一些农业阶级社会，如著名的亚洲、北非、欧洲和中美洲的农耕文明，都经历过领土和人口的扩张时期。这些扩张有的是因为农业和其他生产活动在技术和组织上的革新，也可能是因为通信（如书写的发明）、交通（特别是水路交通）、贸易和军事等方面的进步。

尽管统治阶级也关心对经济活动的调控——以便更好地占有剩余劳动——并且有时候也刺激经济活动的开展（例如组织修建和维护水利设施），但他们并不会去"储存"剥夺来的剩余产品并进行再投资，也不会以系统的方式来提高社会的生产能力。相反，他们迷醉于将土地和劳动力视为自己的财富（通过地租、税收和贡物）、权力（进入军队或供养军队）以及荣耀（使他们能够享用奢侈品，修建宫殿、庙宇和教堂，资助宗教和艺术）的源泉。

第三类社会，即资本主义社会，其根本特征是渴望通过扩大生产规模、提高生产率来剥削劳动者，以获得利润，简言之，就是对积累的渴求。这是我下一章讨论的主题，也是本书其他部分讨论的内容。在继续这个讨论之前，我想总结一下本章的一些思想和概念，将它们归纳为政治经济学的四大关键问题。


## 政治经济学：四大关键问题


在政治经济学里，下面这四大关键问题关系到生产与再生产之间的社会关系：

谁拥有什么？（Who owns what?）

谁从事什么？（Who does what?）

谁得到什么？（Who gets what?）

他们用获得物做什么？（What do they do with it?）

1. 谁拥有什么？

第一个问题是关于不同"产权"制度中的社会关系，即生产与再生产资料是如何被分配的。"所有权"（ownership）和"产权"（property）在不同历史时期、不同社会里有不同的含义。有关私人所有权和私人财产的思想和行为是在资本主义社会里孕育的，并成为界定资本主义的因素。作为农业生产的基础，土地尤为如此。土地被大量转化为私人财产和商品，这是资本主义的一个根本特征。

2. 谁从事什么？

第二个问题是关于社会分工。谁在社会生产与再生产中从事什么活动，是由社会关系决定的。例如，在生产单位内从事相对专门活动的工作人员之间的社会关系，生产不同产品的生产者之间的社会关系，性别关系，农业社会和资本主义社会中的阶级关系。

3. 谁得到什么？

第三个问题是关于"劳动成果"的社会分配，通常表现为"收入"的分配。就如上文提到的不断变化着的所有权和产权的概念一样，"收入"并不仅仅指资本主义社会中的个人或公司的货币收入。在资本主义之前的众多社会形式中，以及在今天资本主义社会中的一些重要生活领域里，有很多"劳动成果"并不是货币收入的形式，例如，小农用于自己消费的产品、家务劳动以及其他无酬劳动的成果。

4. 他们用获得物做什么？

第四个问题涉及消费、再生产和积累的社会关系。我在前面已经通过消费储备、重置储备和仪式储备等概念简要讨论了这些方面。这些储备存在于所有农业社会中，包括最初的农业社会。至于租用储备，它是随着农业阶级社会的形成而出现的。我也提到资本主义社会所特有的为了生产性积累（productive accumulation）而对剩余劳动的占有。这第四个问题关注的是生产与再生产的不同社会关系如何决定了社会产品的分配与使用。

从家庭到"社区"、地区、国内乃至国际的不同经济形式里，在不同领域和不同规模的经济活动中，我们都可以从这四个方面发问。对于不同的历史时期、不同的社会类型，我们也可以提出这些问题。这四个问题之间还暗含了一定的顺序，即产权的社会关系决定了社会分工，社会分工决定了收入的社会分配，收入的社会分配又决定了社会产品被如何用于消费和再生产，这在资本主义社会里，还包括积累。

## 注 释

[1] 生态的定义已经表明了这一点：生态是由人、人以外的自然以及彼此间的互动构成的。

[2] 为了简洁起见，我并没有区分植物或动物的产出数量，尽管如下文将谈到的，两者对于提高农业生产率都十分重要。农业史学家感兴趣的是衡量植物产量的另一种方式，即农作物产量与种子数量之间的比率。

[3] 这一差距也体现在当今国际农产品贸易的份额上。全世界生产的农产品中，有10%用于国际贸易，其中，美国和欧盟各占17%，加拿大、澳大利亚和新西兰共占15%，巴西、阿根廷、智利和乌拉圭共占13%。简言之，仅占世界人口15%、农业人口4%的国家生产了国际农业贸易中总价值62%的农产品（Weis 2007：21）。

[4] 在大规模的工厂化生产出现之前，汽车最初就是那样被生产出来的。

[5] 我们原先假定所有再生产的需求都必须由当前的生产来满足，这里表明这种假设发生了改变。信贷指为了满足当前的消费和再生产的需求而抵押未来的生产或收入。

## | 第三章 |

# 资本主义的起源与早期发展

## 资本主义的主要特征

以下三个相互关联的特征，构成了资本主义作为一种"生产方式"的特质。

### 普遍性的商品生产

在资本主义社会中，商品生产具有独特的系统性和普遍性。为了获取利润，在市场上出售的商品和服务的范围不断扩大。资本家彼此竞争，推动了革新和生产率的提高——这就是资本主义所独有的"生产力"的系统发展（这也产生了生产过剩的倾向，见第五章）。

**必要的积累**

生产资本（productive capital）的核心作用是资本主义的重要特征。资本家用生产资本购买生产资料（土地、工具、机器、原材料等）和使用这些生产资料进行工作的劳动力，然后组织他们生产出新的商品，创造出新的价值，这是实现投资获利的必要一步。马克思是这样表述的：货币（资本—M）被用来购买商品（即生产资料和劳动力—C），以生产出具有更大价值的商品并实现其价值（M′），即 M－C－M′。利润又用于投资，以产生更多的利润，这就形成了一个无穷无尽的、不断生产与获利的积累的循环。马克思将之称为资本的扩大再生产（expanded reproduction of capital）。劳动力和生产资料（尤其是土地）成为可广泛获得的商品，这是资本主义生产的前提，而资本主义也是唯一需要以此为前提的生产方式。

**劳动力商品**

这一概念让我们看到资本主义生产方式最显著的特征，我曾在第一章简要提及：资本主义生产方式建立在资本家（生产资料的占有者）与工人（出卖劳动力或劳动能力以获得生活资料，或者说再生产资料）的社会关系基础之上。劳动力至关重要，因为它是唯一能够在生产中创造出大于自身价值的商品。这是因为，从理论上而言：

- 劳动力的价值（如其他任何商品一样）代表生产劳动力的劳动，表现为用于购买劳动力的工资；
- 劳动力成为购买劳动力的资本家的财产，用于生产具有更大价值的商品。

马克思将用于购买劳动力的那部分资本称为可变资本（variable capital），将用于购买生产资料（机器、原材料等）的那部分资本称为不变资本（constant capital）。前者之所以"可变"，是因为只有利用"活的"劳动力才能够产生新的价值。后者之所以"不变"，是因为生产资料只能为新商品贡献出现有的价值（如"死的"或"过去"的劳动，它是前一个生产环节的结果）。通过劳动力投资而在生产过程中创造出来的新价值与可变资本（上一个简单关系中 M 的一部分）之差就是剩余价值（surplus value）。剩余价值是资本主义生产中剩余劳动（surplus labour）被占有的一种特殊形式，也是资本主义利润的源泉[1]。

劳动力还有一种特质，即它不能从劳动者的心智与身体中剥离。作为出售自身能力的劳动者，他们可以通过集体行动联合起来，反抗、减缓甚至推翻被剥削的状况。

马克思观察到，资本主义社会中的工人可以"自由"地向占有生产资料的资本家出卖劳动力，以换取工资。他讽刺地说：资本主义社会的工人在法律上是自由的（他们不像奴隶），但是，如果他们"选择"不出卖劳动力以换取工资又会怎样呢？他的言下之意是，以前各种类型的阶级社会对劳动力进行的是法律与政治上的强制，譬如奴隶制度或农奴制度，而在资本主义社会，这已经被"经济力量的无声强制"（the dull compulsion of economic forces）所取代：你是有"选择"的——要么出卖劳动力，要么就饿着！

## 原始积累

普遍的商品生产、积累与劳动力商品并不是突然之间以完全的形态出现在世界的每一个角落。它们是何时何地出现的？它们为什么会出现？它们以什么样的形式出现？这些都是在关于资本主义起源和发展的讨论中有争议的问题。这些讨论中有一个关键概念：资本的原始积累（primitive accumulation），即前资本主义社会向资本主义社会的过渡过程。资本主义生产、剥削和积累的社会条件，必须首先通过前资本主义社会中可利用的财富建立起来。因此，资本的原始积累被视为典型的"非

市场"的关系和动力，或者"超经济强制"（extra-eco-
nomic coercion）。它明显有别于发达资本主义社会的经
济力量特点所带来的市场驱动力。

# 资本主义的起源之一：农政转型之路

## 英格兰式道路

对一些学者而言，现代资本主义是 18 世纪后期工业
大革命以后才开始出现的。现代工业化（以工厂为基础
的）及其伴生的一切事物，的确代表了与过往所有历史
时期（主要为农耕社会）的彻底决裂。但是，在另外一
些学者看来，向资本主义农业的转变先于英国的第一次
工业革命，并且促成了肇始于英国的第一次工业革命。
就此而言，资本主义源起于欧洲封建制度的嬗变，这最
初发生在 15—16 世纪期间的英格兰。封建制度建立在地
主阶级与农民的阶级关系基础之上。农民生产的"剩
余"被地主以各种形式的地租剥夺，对此，我在第二章
已经提过。农民依靠小块土地生产自己的生活资料。为
此，他们向封建地主支付租金或岁贡，或许还必须耕种
属于地主的土地，这是一种徭役，或劳役地租（参见表
3 - 1）。

中世纪后期（14—15 世纪），欧洲出现了社会经济

的总体危机。这对不同的封建社会产生了迥异的影响。英格兰首先出现了从封建制度逐渐向新的农业阶级结构的过渡。这一结构建立在资本主义土地所有制、农业资本和无地劳动者基础之上。资本主义土地所有制有别于前资本主义农业阶级社会中的土地所有制制度，因为土地如今成了一种商品，土地所有者拥有私人产权，因此，土地是可以转让的：可以购买、出售、租用和出租。这也意味着，资本主义土地所有者不必像资本主义租地农场主（capitalist farmers）那样自己耕种土地，而是可以将土地出租给耕种土地的佃农。

　　在资本主义社会之前，农业社会中存在各种形式的土地租赁，至今，租种土地在第三世界的一些地区还十分普遍，尤其是亚洲，比如第一章中提到的孟加拉国的佃农。在英格兰向农业资本主义过渡期间，其显著的特点是租地农场主（tenant farmers）代表了新兴的农业资本。这就是说，他们是在商业关系的基础上租下土地，他们的目的也是商业性的，即投资于商品生产以获得利润，形成积累。简言之，这是生产资本。因此，一个问题出现了：谁来为他们租下的农场提供劳动力呢？

　　这和农业资本主义社会中第三个重要的阶级有紧密的关联：无地劳动者（landless labour）。"无地"当然是农业社会中一种特别重大的社会标志。如果你没有土地——既不能通过农业社区里既定的成员身份获得土地，也不能通过某种形式的租赁或拓荒获得土地——那么你要怎么维持生计呢？在原始积累过程中，原先的自耕农被剥夺了土地，形成了无地的劳工阶级，这是他们被无产阶级化（proletarianization）的必要条件。在英格兰，这种剥夺的机制就是将土地转换为商品：土地商品化（出租给资本主义租地农场主）。土地商品化包括圈占公用土地（这些土地原本被社区的农民用来放牧、打柴、捕鱼和狩猎等，这些活动为他们的生计提供了必要的补充）。

尽管马克思指出了资本主义出现时的某些重要特征，但是，他的依据是某个特定的历史经验，即英格兰的历史。他较为成熟的著述是以英格兰为背景的，这不足为奇，因为英格兰当时是最发达的资本主义国家，并处在第一次工业革命的阵痛之中。但是，我们应该注意到，英格兰的农政转型之"经典"案例应当被视为一种特例，因为这是第一次这样的转型。简言之，无论是从它的机制（转型怎样发生），还是从它特定的形式（阶级的"三位一体"：资本主义地主阶级、农业资产阶级和无产阶级化的劳工）来看，英格兰的道路并不一定会为农政转型提供一个行得通的一般性模式。历史上还有其他一些著名的案例能够说明这一点。

### 普鲁士式和美国式道路

作为对马克思的英格兰式转型道路的补充，列宁

（1870—1924 年）区分了他称之为普鲁士式道路和美国式道路的两种转型（Lenin 1964a）。在普鲁士式道路中，前资本主义的封建地主阶级转而投身于资本主义商品生产，将之前的农奴转变为靠工薪生活的农业工人，他们还常常从其他贫穷地区招募季节性劳工[2]。列宁将之称为普鲁士式道路，19 世纪的东部德国（流动的农场工人来自波兰）佐证了这种模式。

美国式道路则截然不同，因为美国北部和西部的农业资本主义并不是从欧洲旧世界（以及部分拉丁美洲的殖民地，参见第四章）的封建制度中破茧而出的。在美国式道路中，资本主义农业是从曾经独立的小规模土地所有者中出现的。这些小规模土地所有者自 18 世纪后期越来越感受到来自北方商品关系的经济压力（Post 1995）。在这些历史条件下，农民最初的阶级分化极为关键，这是之前介绍过的主题，我会在下面的章节中继续讨论。对于列宁来说，相比于普鲁士式道路，美国式道路为俄国提供了一个更为广阔的前景，因为普鲁士式道路是以独裁的封建地主—军队阶级为核心的，即对于普鲁士的容克（Junkers），而俄国也有相应的阶级。

表 3 - 1 汇总了到目前为止我介绍的三条道路，该表借鉴了特伦斯·J. 拜尔斯（Terence J. Byres 1996）的重要研究成果。

表 3 - 1　农政转型之路：英格兰、普鲁士和美国

| | 英格兰式道路<br>（15—18 世纪） | 普鲁士式道路<br>（16—19 世纪） | 美国式道路<br>（19 世纪） |
|---|---|---|---|
| 农民 | 从农奴到佃农的转变（14—15 世纪），农民群体逐渐分化 | 在法国大革命风潮的影响下，农奴制度于 1807 年被废除 | 没有封建制度的阻碍，北方有独立的小规模土地所有者（17—18 世纪），南方有奴隶种植园（17—19 世纪） |
| 地主 | 从封建地主到私有土地所有者的转变（16—18 世纪，含"圈地运动"） | 容克（如上） | 除南方种植园主之外，没有大地主阶级 |
| 生产形式 | "三位一体"：资本主义地主阶级—资本主义租地农场主—农业雇工 | 从封建领主制的庄园生产到主要由固定的农业工人（以前的农奴）进行的商业生产；从 19 世纪 70 年代开始，（流动）雇工逐渐增多 | 从 18 世纪后期开始，独立的小规模土地所有者成为小商品生产者；随着密西西比西部的定居点在政府的支持下建立，（商业性）家庭农业于 19 世纪 60 年代开始普及；劳动力的相对短缺和较高的工资成本导致了从 19 世纪 70 年代开始的机械化 |
| 转型特点 | 向资本主义农业的最初转型，特征是"进步的"地主愿意不过多地征收地租，以鼓励对农业生产的投资，出现了18 世纪的"农业革命" | "封建地主经济的内部变形"（列宁）或"自上而下的资本主义"；而在德国的南部和西部：没有容克阶级，农民产生分化，出现了"自下而上"的资本主义农业 | 在东北部兴起了"自下而上"的小商品生产；19 世纪加利福尼亚出现了资本主义农业；南方的大规模资本主义农业姗姗来迟（大部分地区发生在 1945 年之后） |

## 东亚式道路

拜尔斯（Byres 1991）也关注了日本和韩国资本主义工业化过程中农业的特殊贡献，如表 3-2 所示。在日本和韩国，并没有出现通过"圈地运动"对农民进行剥夺，进而向农业资本主义转型的英国式道路。在那里，工业化所需要的原始积累，正如普列奥布拉任斯

表 3-2 农政转型之路：东亚

| | 日本式道路<br>（19—20 世纪） | 韩国式道路 | |
| | | (a) 日本殖民时期<br>（20 世纪上半叶） | (b) 20 世纪 50—60 年代，土地改革 |
|---|---|---|---|
| 农民 | 租佃为主，且在 19 世纪 60 年代至 1940 年期间增多 | 租佃为主（类似于日本） | 自耕农 |
| 地主 | 大部分居住在农村，希望提高农耕水平 | 日本人（殖民者）和本地人 | 自耕农 |
| 生产形式 | 佃农家庭耕作（有广泛的本地工业和手工业），直到 1945 年土地改革后，土地所有者成为耕作者 | 在自营农场上，因为沉重的地租和赋税，劳动极度密集 | 在家庭农场上耕作，劳动极度密集 |
| 转型特点 | 通过向农民征税（而不是剥夺）获得原始积累；政府起到关键作用 | 在这一时期没有出现转型，但有宗主国的一些投资（例如灌溉），促进了出口到日本的大米和糖料作物的生产 | 通过对农民课以重税，政府推动了工业化所需要的原始积累 |

基（Preobrazhensky）所说的，是"通过政府对农民的过度征税并将部分收入转化为资本"而形成的（Preo-brazhensky 1965：85，强调部分为作者所加）[3]。

这些对不同的转型道路的概括，使我们了解了历史的多变和复杂，以及分析的难度。例如，在东亚的案例中，农业生产中的一部分"剩余"贡献给了资本主义工业化进程，但并没有像曾经发生在英国、普鲁士和美国的那样，转化为农业资本主义。这引发了更为宽泛的问题：

□ 资本主义的发展（通常）会要求先向农业资本主义转型吗（如英国的经验）？

□ 就转型的驱动力量与它们所促成的农业生产形式的变化而言，是否在资本主义的发展和农政转型过程之间存在某些更广泛的关联？

□ 通过理解不同的"国家"道路（英国、普鲁士、美国、日本和韩国），或者通过理解资本主义作为一个"世界体系"在不同地区、不同时期起源所带来的影响以及之后的发展过程，我们是否能从理论上和历史上更好地解读资本主义的发展？

接下来，我要简述另一种分析方式。它为上述问题和其他类似问题所提供的解释，将有别于通过考察向农业资本主义转型过程中独特的"国家"道路而提供的解释。

# 资本主义的起源之二:"商业资本主义"的长征

这一方式旨在分析现代工业化之前资本主义的起源和发展,它关注的是"商业资本主义"的悠久历史——按照一些学者的观点是始于 12 世纪,更为普遍的说法是始于 15 世纪中叶。这一分析方式在亚伊勒斯·巴纳吉(Jairus Banaji 2010)和乔万尼·阿里吉(Giovanni Arrighi 1994)的研究中得到很好的推进。巴纳吉显然采用了马克思主义的视角,阿里吉则不同,他更加注重资本的积累与流通以及国家的形成,而较少关注资本与劳动的阶级关系。杰森·摩尔(Jason Moore)的鸿篇大作(Moore 2003,2010a,2010b)试图通过分析积累形式、日益扩张的"商品边域"(在农业、林业、矿业和能源等方面)以及生态变化之间的关系,来解释资本主义发展中这段比其他时期更为漫长的历史。

## 商业资本主义中的资本

在商业资本主义的悠久历史中,扮演主角的有贵族地主阶级（和后来的殖民地主阶级），他们在自己的土地上组织了专门化的商品生产形式（Banaji 1997）；有商人阶级，他们为手工业者和其他制成品生产者提供贷款和原材料（Banaji 2007）；有从事快速增长的采掘活动（例如采矿和林业）的资本家阶级（Moore 2003，2010a）；还有金融家阶级，如阿里吉（Arrighi 1994）和巴纳吉（Banaji 2007）所强调的，他们直接或间接地为资本主义的发展提供大量资本。据称，所有这些都是真正意义上的资本家：他们剥削劳动力以获取利润，通过投资和提高劳动生产率来扩大生产规模，开发并投资于新的商品生产和商品市场[4]。所有这些都发生在现代工业资本兴起之前，在很多情况下，甚至还早于从英国式转型道路中产生的新型农业资产阶级和劳工阶级，且与这些阶级无关。

**商业资本主义中的劳动力**

资本，无论其形式如何，都会因追逐利润而扩大生产规模，对劳动力进行剥削。对资本的这一定义相当实用。那么，有没有一个类似的简单定义，可以涵盖历史上资本对劳动力的种种不同剥削形式呢？用马克思的话来说，是什么让劳动力"从属"（subsumption）于资本，从而遭受剥削？

我早先的时候提到过这个问题的常规性答案：那些

除了自身的劳动力或劳动能力之外一无所有的人（无产阶级），不得不出卖自身，得到工资，换取生活资料（再生产资料）。但是，在向资本主义转型过程中，假如农民不被剥夺土地（和其他生产资料），他们可能确实无法在商品关系和市场之外进行再生产。确实，相比于"无产阶级化"所指的彻底剥夺，劳动力从属于资本更普遍地是受生活资料的商品化（Brenner 2001）推动。实际上，"自由"出卖劳动力以换取工资的情况，可能只是代表了生活资料商品化的一种形式，尽管它是最"高级"的形式。

马克思用"资本主义生产方式"等概念建立了关于工业资本主义的理论。相比于这些概念，"商业资本主义"能更好、更灵活地涵盖"资本"和"资本家"的含义。劳工阶级（classes of labour）的概念同样如此。巴纳吉观点的关键在于，资本在不同历史时期能够通过广泛的社会安排来剥削劳动，包括生产专门商品的种植园中的奴隶制度。对于以商业化的土地资产为基础的劳动制度和劳动过程，他的研究提供了有益的比较，包括从罗马统治晚期下的埃及到殖民时期的墨西哥和秘鲁，从拉丁美洲独立后的庄园到南非、肯尼亚的欧洲殖民主农场（Banaji 1997）。而且，这些对比体现了诸如"无地劳工""租地农场主""小农"等分类在社会现实中的不固定性和模糊性。因为，同一个人可能会在不同时期从一个身份转换到另一个身份，甚至同时具有多个身份。人们预先设想的"自由"劳工和"不自由"劳工之间的界限可能同样暧昧不明。即便"自由"的无产阶级雇佣劳工是资本主义社会最"高级"的劳动力形式，并随着资本主义的发展在社会中的相对比重逐步增加，它也绝不是资本剥削劳动力的唯一形式，亦绝不是资本主义产生和发展之唯一的和确定的起源。

## 转型的"道路"和资本主义的"世界历史"

最后，引人注目的是，关注更为悠久的"商业资本主义"历史的学者认为，资本主义从一开始就是世界性的，即它必须涉足各种形式的国际贸易与国际金融。对此，阿里吉提出一个较好的解释，即在资本主义世界体系中存在四个接续的"积累体系"（Arrighi and Moore 2001）：热那亚 - 伊比利亚时代（15 世纪到 17 世纪早期）、荷兰时代（16 世纪后期到 18 世纪后期）、英国时代（18 世纪中期到 20 世纪初期）、美国时代（19 时期后期至今，或许它的霸权与统治从 20 世纪晚期开始削弱?）。从这一视角来看，当英国刚开始向农业资本主义转型时，荷兰正在世界资本主义体系中占主导地位。那么，英国开始执资本主义诸国之牛耳，也只是在工业革命首先发生于英国之后了[5]。

# 理论与历史：复杂性

上面讨论了关于农业资本主义的两个彼此对照的分析概念。第一个分析概念将源于英国的道路及其阶级结构泛化为农业资本主义唯一的、确定的特征。该阶级结构包括资本主义地主阶级和雇用了无地劳工（无产阶级雇佣工人）的农业资产阶级。另一个分析概念则体现在巴纳吉的论述中。他反对任何单一的、不变的或"纯粹的"农业资本主义。他建议我们，最好把"农业资本主义看成是资产阶级对劳动力的剥削和控制，该资产阶级已经把农业当作一门生意"（Banaji 2002：115）。他强调，随着历史场景的转换，资本对农民的剥削和控制有许多不同的、具体的形式：与不同的积累过程相关联的，正是劳动力从属于资本的不同历程。

另外一个有争议的议题，也是这两种分析路径的分歧之处，是关于马克思提出的一些用于总结工业"资本主义生产方式"的抽象概念。这些抽象概念是否能够或应该重新被用来理解资本主义在原初农业社会的起源和早期发展？例如：

□ 在《资本论》中，马克思将用于生产的资本和用于商品流通的资本特别区分为工业资本（industrial

capital）和商人资本（merchant capital）。为了解释工业化之前的"商业资本主义"的历史，我们应该在多大程度上对这两者做严格的区分？

❑ 劳动力是资本主义剥夺剩余价值、获得利润的基础，我们应该在多大程度上将其严格限定为"自由"出卖劳动力以换取工资的无产者？

❑ 在历史上千差万别的资本和劳动力（这些是资本主义起源和发展不可缺少的要素）形式中，我们如何认定某一个类别就是（或者不是）"资本主义的"？如果不是，那么在某种有益的意义上而言，它们是处在"前资本主义"阶段吗？它们是原始积累的一部分吗？或者，它们能否代表不同时空下资本主义发展过程中较"高级"或更"高级"的形式？

❑ 在更大的资本主义体系中，某些特定部门和行业存在不太"高级"的资本与劳动力形式，它们是否在特定的时空下与更为"高级"的形式相结合，共同成为全球范围内极度不平衡的资本主义发展中不可分割的部分？

我已经谈到上面的第一个和第二个问题。第三个问题，特别是第四个问题，表明我们的注意力已经从资本主义的起源转向资本主义世界经济的形成和运作。对后

者来说，重要的是从 16 世纪到 20 世纪欧洲殖民主义的
不同阶段：它们的动力是什么，它们呈现怎样的形式，
带来哪些农政变迁，以及产生什么样的后果。这些是第
四章的内容。我们将看到，在某些重要的方面，关于世
界历史的动力解释深受本章所提及的种种议题的影响，
这些议题关乎资本主义起源的种种方式。

## 注 释

[1] 剩余价值率（rate of surplus value）是指剩余价值与投入
    的可变资本之间的比率，利润率（rate of profit）是指剩
    余价值与投入的可变资本与不变资本之和的比率。

[2] 这种模式在如今南半球和北半球很多国家的农村地区很
    盛行，如南欧招募的西非和北非农民、北欧招募的东欧
    和中欧农民，以及美国招募的拉丁美洲农民。

[3] 当然，如同所有的历史过程一样，情况比文中所描述的
    更为复杂；在 19 世纪和 20 世纪初期，由于税赋增多，日
    本农民在地主和国家的激励下也极大地提高了水稻产量，
    并催生了以农业原料为基础的多种富有活力的本地工业
    （Francks 2006）。

[4] 摩尔（Moore 2010a）指出，在 1450 年以后的那个世纪
    里，银矿、制糖、林业、铁业、造船等产业的生产力得
    到极大的发展。但需要注意的是，他的这张清单中并不
    包括农业生产。

［5］这里请注意，英国与荷兰在第一次向农业资本主义转型
过程中的位次不相伯仲，但无论是转型还是早期的资本
主义工业化，荷兰都走上了与英国不同的道路。阿里吉
的划分表明资本主义在全球发展的经济权力中心从南欧
转向北欧，贸易与金融从地中海地区转向大西洋地区。

| 第四章 |

# 殖民主义与资本主义

资本主义的发展史可谓是千变万化、错综复杂，涉及它作为世界体系是何时以及怎样在当今世界不同地区发展起来的。在本章，我将勾勒现代世界形成的一个核心因素：在不同时期强加于拉丁美洲、亚洲和非洲的各种殖民主义类型，以及它们带来的后果。

## 殖民主义阶段

### 封建制度和商业资本主义（16 世纪）

"欧洲的扩张"是通过殖民主义实现的。就诱因、形式和累加的强度而言，进行"欧洲的扩张"最初是由于欧洲封建制度和商业资本主义的发展陷入接连的危机

（见第三章）。在 16 世纪，殖民统治首先被强加于加勒比海和部分拉美地区，西班牙对这些地区的征服使当地人口与生态遭到毁灭性的破坏。对财富的渴望促使欧洲人开拓了从欧洲到西印度群岛的航线。之后，殖民者在秘鲁和墨西哥先后发现了巨大的银矿，常常强迫大批当地劳工开采。这一时期，西班牙和葡萄牙（后者殖民了巴西）的国内经济与海外贸易越来越多地遭遇欧洲西北部小国的竞争，其中以英国和荷兰为甚，这些国家更迅速地发展成为农业资本主义国家，之后又成为工业资本主义国家（见第三章）。

## 商人、奴隶与种植园（17—18世纪）

17 世纪时，殖民地的定居点、生产和贸易均出现新的形式，例如英国表现出对北美的兴趣，英国和荷兰在加勒比海地区进行活动。英国在弗吉尼亚（Virginia）殖民地上建立了种植园经济，一开始是雇用来自欧洲的契约劳工（indentured labour），之后使用了非洲的奴隶。来自美洲殖民地的烟草和棉花以及来自加勒比海地区的糖料，对英国经济特别是刚出现的制造业阶级的重要性已经超过来自亚洲贸易的昂贵香料和丝绸。简言之，英国在北美和加勒比海地区的殖民活动催生了一种新的国际贸易，并作为纽带将以下活动连为一体：为欧洲的制造业而在殖民地进行大规模的原材料生产；为种植园的生产而购买非洲奴隶；为欧洲生产的货物而在殖民地开拓市场。非洲奴隶贸易首个主要的目的地就是巴西沿海地区的甘蔗种植园。荷兰当时发挥了主导作用，奴隶生产因此向加勒比海沿岸地区和岛屿扩散，以满足荷兰商人和荷兰本国蔗糖精炼厂的需求。英国则是在现在的美国南部发展了奴隶种植园制度。

在殖民活动及其与欧洲积累历程的关系中，存在很多重要的时刻。其中，17世纪下半叶，欧洲的国际贸易相对衰落，其海外商人公司的财富相对缩水。这与欧洲发生的一些动荡有关，例如，值得注意的新型商业贸易战争的爆发，这类战争主要是动用了武装舰队的海战。

到18世纪，欧洲的扩张活动再度兴盛，并得到进一步加强。来自西非的奴隶在大西洋贸易中显著增长。欧洲冒险家和商人的探险活动沿着非洲海岸扩展，也深入亚洲腹地，这些地区成为他们掠夺和追逐商业利益的乐园。他们延续并加强了肇始于16世纪的扩张活动，其标志是欧洲各国之间、欧洲与他们试图征服的原住民之间的武装冲突。英国打败了法国，夺得了对印度和加拿大的控制权。这说明到18世纪中期，欧洲殖民地扩张和争夺的地区已经非常广阔。

总之，在17、18世纪，"欧洲的扩张"得到加强，明晰可辨的国际劳动分工得以建立。除西班牙和葡萄牙在拉美的殖民地以外，大部分殖民地被商人公司而不是欧洲国家的政府接管。当然，欧洲国家的政府同时动用政治、外交、军事（尤其是海军）手段为本国商人提供支持——比如英国和荷兰各自的东印度公司（East India Company）。

## 工业资本主义和现代帝国主义（19—20世纪）

19世纪期间，资本主义世界经济受到工业化越来越深的影响，并以19世纪70年代和"第二次工业革命"的开端为转折点（见第五章）。加工业和制造业因此需要越来越多的热带农产品和采自殖民地的矿石材料。从19世纪70年代开始，对殖民地易榨取的行业（种植园、农业、采矿）以及对世界市场运输线（铁路、船运）的海外投资不断增多；殖民扩张（在撒哈拉以南非洲、东南亚、西亚）的最后一波浪潮出现，这些主要由欧洲国家的政府负责，不再是商人公司；由英帝国保驾护航的国内工业遇到更多来自快速工业化的德国与美国的竞争；首个非西方工业国——日本粉墨登场。

非洲大陆见证了殖民主义扩张最后浪潮的速度。1876年，欧洲各国统治着非洲大约10%的土地，大部分位于非洲北部地中海沿岸地区，还有一些殖民地区属于现在的南非。到1900年，他们的统治范围已经蔓延到非洲大陆90%的土地。1884—1885年在柏林举行的会议，正式认同了这种"瓜分非洲"（Scramble for Africa）的行为。这一时期经济非常繁荣，后来进入工业资本主义世界经济的衰退时期，即 19 世纪后期的欧洲经济大萧条（1873—1896 年）；1896—1914 年又进入"黄金年代"，这第一次见证了资本主义的发展周期。

对列宁（Lenin 1964b）来说，19 世纪后期的大萧条标志着一个根本性的转折，资本主义从较早的"竞争"阶段转变为垄断资本主义或帝国主义阶段，其主要特征是资本集中在与银行有密切关联的大工业集团手中。"垄断"并不意味着竞争不复存在，而是说竞争的形式更加极端和危险。竞争导致了 1914 年的第一次世界大战，这是列宁帝国主义理论形成的直接诱因。列宁认为，不同于早期的殖民浪潮，19 世纪后期欧洲殖民主义的扩张是因为需要为资本的出口寻找新的出路和市场。这有两个方面的原因。其一，资本的积累不断加速，为此工业资本主义需要更多的原材料，也需要更大的市场来倾销产品。其二，欧洲本土的激烈竞争降低了资本的利润率，因此需要寻找海外投资的机会。

列宁的帝国主义理论在多个方面遭到批判，包括分析性的、经验性的，还有意识形态上的。有的批判指出，在能反映列宁所发现的帝国主义两个特征的欧洲国家中，其资本主义发展的道路和殖民地的范围大小均不同。一个是英国，当时它是最大的殖民帝国，代表了资本的出口，但是，它的大部分海外投资给了在美洲的欧洲人定居点，而不是亚非殖民地。另一个是德国，它的殖民地很少，在当时最好地体现了大工业集团和银行的结盟与集中。列宁［后来还有希法亭（Hilferding 1981）］称之为"金融资本"。还有人批判列宁夸大了他所发现的资本主义发展过程，而这一过程在今天的"全球化"时代比 20 世纪早期更为清晰[1]。

列宁致力于寻找 19 世纪晚期欧洲的经济低迷与现代帝国主义的兴起以及资本主义殖民的最后一波浪潮之间的联系。他的理论中有一个很有意思的部分，即帝国主义并不依赖于殖民地。在 1916 年，列宁已经用阿根廷和葡萄牙的事例说明了这一点。当时，阿根廷在政治上是独立国家（人口的绝大多数是欧洲移民），列宁认为它是英国资本的"半殖民地"；葡萄牙也是英国的附庸国，是一个在非洲和亚洲拥有殖民地的弱小的宗主国，当时它已经失去巴西这颗以前帝国主义皇冠上的宝石。

帝国主义作为现代资本主义全球性的独特形式，具有与通常意义上作为政体的"帝国"所不同的含义。因为如果作为政体，大英殖民帝国只不过是众多帝国之一，如罗马帝国或者西亚、南亚、东亚历史上出现过的强大帝国。列宁清楚地指出，现代帝国主义在殖民时代终结后仍会延续。也可以说，只有当亚洲和非洲挣脱殖民地的镣铐，只有为"经济力量的无声强制"打开通道，并且这种无声的强制在国际和国内环境中均取代殖民主义政治和法律上的强制，帝国主义作为完全的资本主义世界经济才算羽翼丰满（Wood 2003）。

对于殖民帝国的终结，我在第五章和第六章还会谈到。接下来，我想简要讨论对资本主义和帝国主义的总体看法，以说明殖民主义对身处农业社会的殖民地人民的生活产生了怎样的影响，尤其是在劳动力和土地方面。

# 殖民主义与农业变迁

殖民活动的宗旨是使殖民地"维持下去"，并为宗主国带来利润。这意味着要控制还处在农业社会的殖民地的劳动力，即要干预殖民地与土地分配和土地使用有关的制度与实践，有时是将之全部摧毁，有时是进行篡改。殖民经济的形成就意味着打破前殖民时期农民维持生存的模式和地租模式（后者存在于农业阶级社会中）。这里，我将分析宗主国所采用的手段及其产生的影响（包括有意的和无意的影响），这些手段被用来改造不同时空下各种不同的农业社会关系。

## 拉丁美洲和加勒比海地区

最初的殖民地农政变迁发生在加勒比海地区、拉丁美洲和北美洲：这是在新兴的资本主义世界经济体系中奴隶生产的主要地区，包括葡属巴西、英属和法属加勒比海地区的甘蔗种植园，以及英国在北美洲南部地区开辟的棉花和烟草种植园。当殖民者征服这些新大陆时，种植园地区的人口不多，大多还处在"生存"社会的状态。殖民者轻而易举地强占了原住民的土地，劳动力短缺的问题则通过进口奴隶得以解决。大英帝国最后在1833年废除了奴隶制，而美国、巴西和古巴的奴隶制度分别持续到1865年、1888年和1889年。

从17世纪晚期开始，在大部分西班牙属美洲地区，统治当地经济生活以及大部分社会、政治和文化生活的是另外一种形式的地主阶级，即庄园主或地主。庄园制度沿用了西班牙殖民者所熟悉的封建制度和具体实践。它既赋予了殖民者向原住民以实物或劳役的形式征税的权力，又赋予了他们土地权。土地权最初是赐给那些为西班牙王室提供军事服务的领主的。庄园制度将土地和劳动力捆绑了起来，它所创造的地主阶级在结构和组织农业活动的两种基本形式方面，都与欧洲封建主义的庄园制度非常相似（如表4-1所示）。

对农业劳动力的控制，主要是依靠剥夺和圈占土地来破坏原住民对生活资料的使用权。有许多因素影响了庄园制度的扩张和它在不同时期的多种形式。庄园制度在形成和扩张初期引发了长久的抗争。这种抗争尤其发生在人口密度较高、村民社区较为强大的地区，如中美洲和安第斯高地的部分地区。在人口较为稀疏的地区，例如阿根廷、乌拉圭和智利的平原地区，庄园形成较晚，但发展更为迅速，其对劳动力的需求更多是通过外来移民而得以满足。

表4-1　两种类型的庄园

| 土地使用 | 劳动制度 | 劳动剩余被剥夺的形式 |
|---|---|---|
| A. 多农场庄园（主要是多个农民农场） | 农民耕种分配给他们的土地，自己控制劳动的过程 | 实物地租、货币地租、收成分成 |
| B. 大地主农场庄园（地主的农场加上农民"养家糊口"的地块或小片土地） | 农民越来越多地在地主（扩大了的）的农场耕作，同时种植自己用以维持生计的小块土地 | 劳役地租（即为地主的农场无偿劳作） |

＊本表基于凯（Kay 1974）的研究制作。

另一个关键因素既体现在时间上，又体现在空间上。殖民地主和本地农民之间的斗争，也受到世界市场发展和波动过程中农业商业化所经历的不同形式的影响。当农耕的潜在利润率随着市场需求的增加而增多时，殖民地主会努力扩大自己的农场，强迫其庄园的更多佃农来耕种。这样一来，实物地租或货币地租就转化为劳役地租。如果殖民地主的商业化农业面临劳动力不足，并且无力通过强制的方式解决这一问题，那么他们可能不得不付钱让佃农来耕种，或者至少要付一部分工资。这表明了从劳役地租向雇佣劳动的过渡（这发生在欧洲各国，尽管经由不同的道路）。

历史学家有很多讨论，试图了解债务奴役（debt bondage）是在何时、何地，以怎样的数量，成为大型商业化庄园征募劳动力的约束工具。债务奴役是这样一种安排，即债务人，特别是小农和无地的农村劳动力，不得不为债权人工作，以清偿债务。债权人可能是地主、富农或商人，或者是第三方（这在亚洲相当普遍，他们购买或"承租"债务）。有些学者认为，在拉丁美洲，向雇佣劳动的过渡开始相对较早（有些地区的商业化庄园生产从 17 世纪就开始了），尽管在很长时期内，雇佣劳动力的"自由"还是常常受债务奴役和其他方面的限制。这就涉及农业劳动力的特点，在第三章已经提到过，本章结束时还会有论述。

大部分拉美地区在 19 世纪上半叶摆脱了殖民统治（在大部分非洲地区沦为殖民地之前）。殖民时代遗留了很多问题，例如土地被大量剥夺，集中成为庄园；大部分原住民被禁止通过耕种小块土地（mini fundios）来勉强维持生计，相反，大块的土地（lati fundios）广泛存在（这是庄园的别称）；还有大量的农村雇佣劳动力，他们常常与边缘化农耕活动、债务奴役和国家强制等相关联。

从 19 世纪 70 年代到 20 世纪 20 年代，拉丁美洲进入新的农业出口兴盛时期，庄园生产得到扩大和加强，无论是中美洲的热带和亚热带地区，还是乌拉圭、阿根廷、智利牧场上谷物和肉牛的生产。在墨西哥南部的低地区域：

> 热带产品（剑麻、橡胶、蔗糖）出口的市场庞大，而劳动力不足、交通闭塞……政府愿意下大力气支持这些种植园主，这些因素共同导致了对大批玛雅人（Mayas）和雅基人（Yaquis）的奴役……这种情形发生在墨西哥（从19世纪70年代开始）；在危地马拉，印第安人的土地减少，同时颁布了制裁流浪者的法律；在玻利维亚，2/3的农村人口不得不依赖地主庄园生存；在安第斯高山地区，众多农村居民失去了资源和原有的独立生活资料。（Bauer 1979：37，52）

在某些地区，劳动力的短缺问题通过移民得以解决。1847—1874年，25万中国人成为契约劳工，在古巴和秘鲁沿海的种植园里卖苦力。当奴隶制度终结后，巴西的咖啡种植园主利用政府的补贴吸引了大量欧洲移民。1884—1914年，大约有90万欧洲移民来到圣保罗，大部分在咖啡园工作（Stolcke and Hall 1983）。

相比于世界上其他任何地方，拉丁美洲的农业社会关系和耕作形式如今可能是最多样的。一方面，拉丁美洲的农业人口少于南半球的其他主要地区。巴西的现代农业企业和商业资本、技术程度和金融知识都极其集中，它有潜力成为世界上最大的农产品出口国，而"南锥"（southern cone）国家，如阿根廷、乌拉圭和智利，农业资本化和专业化程度都很高，也是主要的农业出口国。另一方面，也有事实表明，在很多原住民更为集中的中美洲和安第斯山脉地区，以及更往南的小规模移民耕作区，"农民"（campesino）身份又得到回归和复兴。对土地和耕作条件的斗争产生了一些当今最著名的农村社会运动，如中美洲的"农民之路"（La Vía Campesina）和巴西的"无地农民运动"（Landless Workers Movement, MST）。

## 南亚

英国在 18 世纪将殖民地扩张到南亚腹地，凭借当地人口众多的农耕地区，最终建立了最大的殖民地，即大英帝国"皇冠上的宝石"（jewel in the crown）。19 世纪，殖民掠夺逐渐停止，殖民者开始考虑更为系统地获得收入和利润的途径，即从海盗过渡到官员。这是巴林顿·摩尔（Barrington Moore 1966：342）论及殖民地时期印度的两种主要土地税收制度时的描述。

第一种税收制度是起源于印度北部孟加拉邦（Bengal）和邻近地区的"常年结算"（Permanent Settlement）

制（亦称柴明达尔制，从 1793 年开始）。其中印度地主（*zamindars*，亦称柴明达尔，我们在第一章的第一个片段里讲述了这些地主的后裔的故事）摇身一变，从以前莫卧儿（*Mughal*）王朝的收税农（*tax-farmers*）和税吏（*revenue collectors*）变成了拥有一定土地产权的地主。创造这一结算制度的殖民者希望印度地主成为一个牢固的（资产阶级）地主阶级，重走英国农业资本主义的旧路。由于种种原因，这一愿望（和帝国的其他许多幻想一样）没有实现。在英国对印度统治期间（在印度次大陆的范围内），不同农村地区的地主，其权力差异很大。这一方面是因为他们和有些种姓的农民之间存在冲突，另一方面是因为他们和放债人阶级、商人阶级之间存在争斗。

　　无论是孟加拉邦式的土地结算制，还是英属印度（名义上是在北印度进行"统治"的殖民地政府）最终合并 600 个左右的王公政权，都是在管理这些庞大的殖民领土过程中试图保护当地政治联盟的方式。这是殖民者和（殖民前的）旧有权力结构合谋的种种做法之一（Bagchi 2009：87）。西班牙先后在拉丁美洲和非洲通过当地的酋长采用了类似的"间接统治"（indirect rule）的方式，即任命当地的首领和头面人物担任殖民地管理当局职位最低的官员，以维护乡村秩序，组织征税和动员劳动力。

　　第二种主要的土地"结算"制度是莱特瓦尔制

（*ryotwari* system，*ryot* 是农民的意思）。这一制度被引入更南部的孟买（Bombay）和马德拉斯（Madras）的大片地区。它至少在原则上确认了耕种者拥有土地产权，前提是每年支付现金税款。巴林顿·摩尔（Barrington Moore 1966：344）得出如下结论：

> （土地）结算是农村整个变化过程的起始点。由此，法律、秩序和与之相关联的产权被强加于殖民地人民身上，严重地恶化了地主寄生体制的问题。但更为重要的是，建立在此基础之上的政治经济体系使外国人、地主和放债人能够从农民手中掠走经济剩余，却又没有将之用于促进工业增长，这就使这些地区无法重走日本进入现代纪元的道路。

摩尔认为，一般在这些土地制度下，从佃农手中榨取租金比提高农业产量和提高农业生产率更加有利可图。因此，产生了"寄生性的"而非生产性的地主所有制[2]。

英国对印度的统治与英国在北美、拉丁美洲的殖民情况并不相同。在印度，尽管也有一些种植园种植出口作物，但原住民的土地并没有被大规模地剥夺以供欧洲殖民者居住。一次性圈占的最大规模的土地是在殖民地当局的林业部手中。其中大部分林地被用于商业木材采伐；森林不再是农民、游牧者和"部落"居民的公用地，这就减少了他们可以从林地中获得的、用以维持生计的资源。同时，"强制商品化"［forced commercialization，这是克里希纳·巴拉德瓦杰（Krishna Bharadwaj）的术语］使农民在国际资本主义经济体系中越陷越深（Bharadwaj 1985）。他们不得不担负更多的货币债务；他们既要生产出口商品，如棉花、黄麻、鸦片（卖给中国用来交换销往英国的茶叶），还要为国内外市场生产粮食；他们上缴的地租和税赋不仅养活了本国的地主、商人和放债人，还为英国贸易行、殖民地当局和大英帝国政府提供了利润和税收。

对大多数农民而言，"强制商品化"和更广泛意义上的生活资料商品化并没有使农业产出有长足进步，更不用说农业生产率。贫苦农民因要负担各种强索的"租金"而负债累累，因此不得不从自己的口粮中拿出一部分来偿债，这使印度的农民，还有中国的农民，在饥荒来临时尤其脆弱。尽管饥荒与极端的气候条件有关，但值得注意的是，印度在19世纪晚期遭受重大饥荒时仍然出口粮食，孟加拉邦地区在1943—1944年也是如此（Sen 1981）。确实，由于生活资料的商品化、殖民地税赋和殖民地当局的经济发展理念，印度很多农民应对恶劣天气和粮食歉收的能力被削弱（Davis 2001）。

我们也应当注意到，从英国进口工业产品（如棉布），损害了对多样化的农村经济而言十分关键的本地制造业和手工业。阿米亚·巴格奇（Amiya Bagchi 2009）指出，殖民者在 19 世纪使印度的"农村化"（ruralization）和"农民化"（peasantization）程度加深了，这使得印度人民更为贫困。尽管中国没有遭受直接的殖民统治，但帝国主义对中国的渗透造成了同样的后果。

但是，商品生产的发展也促进了印度农民的阶级分化，其他地区也是如此。印度农民的分化常常和现有的不平等种姓制度相吻合。巴纳吉（Banaji 2002：114）认为：

> 中上层种姓阶级的大种植户（substantial cultiva-tors）占据越来越多的优势，在此基础上建立起来的资本主义与 19 世纪商业的快速扩张有密切的关联。这说明了为什么终身雇佣的农场工人（苦力）越来越多。这些中上层的种姓阶级控制了当地的信贷市场，也开始逐渐控制已经发展起来的土地市场。

他同时指出，"这种资本主义"的发展在英属印度的不同农村地区有很大差异。面对地主、放债人和他们对农产品剩余的占有，"大种植户"的力量也各不相同。

**撒哈拉以南非洲**

从 19 世纪晚期开始，对撒哈拉以南非洲的系统殖民活动催生了三类"宏观区域"（macro-region），即萨米尔·阿明（Samir Amin 1976）所说的贸易经济区（*économie de traite*）、劳动力储备（labour reserve）区和特许公司（concessionary company）区。第一类区域的特征是小农生产出口产品，有些时候也会由原住民进行更大规模的出口生产，这些出口生产主要由大城市的贸易商行来组织。例如，在印度的这一类贸易经济区里，并没有发生对土地的大规模掠夺和对农民的剥夺。农村经济的商品化过程一直在持续，但私有产权和土地市场并没有被制度化。在很多情况下，农村经济的商品化通过移民进入或开辟新的土地而实现，这些土地上种植了可可树和油棕榈树（在林区）以及棉花和花生（在草原），这些是西非的四种传统出口作物。

　　第二类"宏观区域"是劳动力储备区，从东部绵延至中部和南部非洲。在这些地区，大量土地落入外来殖民者手中。非洲人民被剥夺了土地，并被集中在"土著保留地"（native reserve）。这样做有双重原因：一是为白人居住区和白人农场提供土地；二是为这些大农场和种植园以及位于罗得西亚、非洲北部和南部的部分地区（现在的赞比亚和津巴布韦）和今天南非的一些矿业公司提供常备的劳动力。这些矿业公司吸引了来自莫桑比克、尼亚萨兰（现在的马拉维）和巴苏陀兰（现在的莱索托）的大量移民矿工。对非洲人民的土地隔离（land alienation）使非洲农民越来越多地居住在拥挤不堪的、不适合耕种的"土著保留地"上。他们面临经济和政治压迫，不得不定期外出务工以维持生计。

"非洲特许公司"的典型代表是刚果河盆地地区，这片土地背负了极度野蛮的资源开发和掠夺历史，这一历史到今天还在延续。特许公司被赠予了大片土地用于开发，这对原住民和自然资源造成了严重的影响。但一般而言，扩张到东部非洲（肯尼亚）和南部非洲［罗得西亚（即津巴布韦）、南非］的殖民者及其种植园都无力为更加系统化、可持续的资本主义农业的形成创造条件。

在撒哈拉以南的非洲大部分地区，除了广袤的欧洲殖民地以外，农民（包括游牧者）并没有被驱逐，而是被"鼓励"进入货币经济体系之中，成为农产品生产者和劳动力。实际上，正如萨米尔·阿明和其他很多人所强调的，将绝大多数生产者完全无产阶级化（full prole-tarianization）的条件并不成熟。这些"鼓励"的方法包括：税收、强迫种植某些作物、劳役制或签订劳动合同。这里首先涉及的是"强制商品化"，如同印度的情形一样，只是非洲的税种并不是土地税，而是户税和人头税，有时候还有耕牛税。但需要注意的是，有些非洲农民也主动尝试进行商品生产以供出口，他们依靠的不是殖民地当局的"鼓励"政策，而是以传统的方式动员土地和劳动力。一个有名的案例就是 20 世纪初期加纳的可可生产，波莉·希尔（Polly Hill 1963）的重要研究展现了这一点。可可种植园的建立和扩张需要人们移居到原本人口稀少的森林地区，种植园主通过特殊形式的佃农制雇用工人。

那么，非洲的很多农民在某些特定时期的收入是颇丰的。那些能够调动土地和劳动力，能够将原本维持生计的农业耕作活动融入商品生产中的农民，情况尤为如此。他们能够利用趋于上升的国际市场条件出口自己的作物产品，特别是在 20 世纪 20 年代，还有 50—60 年代，这一时期是殖民时代的终结和独立时期的开始。这些成功的故事与农村地区的社会分化息息相关，有些农民比其他人获利更多。过去，非洲不同地区农民的商品生产生机勃勃，这和今天非洲大部分农村地区农业耕作的恶劣条件形成令人痛心的对比。

## 农政变迁的方式

19 世纪晚期到 20 世纪中期是亚洲和非洲殖民主义的鼎盛时期。在此期间，资本主义世界经济得到巩固和加强，殖民主义早期在加勒比海地区、拉美和亚洲开辟的种植园被一种新型的"工业种植园"（industrial plantation）取而代之。种植园生产的疆域也得到拓展，特别是在东南亚，还有中美洲和南美热带地区。其拓展的方

式是大规模砍伐热带森林，以及侵占小农耕作的土地
（这发生在印度尼西亚——荷兰所剩不多的主要殖民
地）。种植园需要大量工人，一般是雇用受经济所迫的
贫苦农民和无地劳工，而且一般都是强迫的。简言之，
工业种植园极大地扩张了高度专业化的单一种植规模，
为世界市场提供了如橡胶、油棕、棉花和剑麻等工业原
料作物（industrial crops），以及如茶叶、咖啡、蔗糖、可
可和香蕉等粮食和饮料作物，以供工业化国家日益增多
的城市居民大量消费。

另外，还有一个普遍发生的变化方式，那就是亚洲
和非洲被殖民地区的农民之间的整合得到加强。这些农
民有些被整合为出口作物（棉花、油棕、橡胶、花生、
烟草、咖啡和可可）的生产者，有些为国内和国外市场
生产主要的粮食作物，还有些通过移民来提供劳动力，
如修建铁路、公路以及在种植园、矿场和港口工作。这
种整合逐渐催生了殖民地农业人口中不同类型的阶级形
式（有时也利用了以前存在的社会差异，例如印度的种
姓制度），现在又经历了生活资料商品化的过程，这对
其中一些农民来说也提供了积累的可能。

当然，在后殖民时代和随后的政治独立时期，农政
变迁的方式必须与全球经济的其他动态变化和发展联系
起来。我将在第五章、第六章谈到这些。我在前面回顾
了关于资本主义和殖民主义讨论中的三个议题，它们和

第三章结尾处提出的问题联系在一起。同时，我还进一步讨论了亚非地区摆脱殖民统治获得独立后，农政变迁在南半球经济发展中的作用[3]。

# 殖民时代的劳动力体制

我使用的"劳动力体制"（labour regime）一词，泛指劳动力被雇用的不同方式，以及雇用方式与劳动力在生产中（劳动过程中）的组织方式之间的关系，还包括劳动力如何维持自己的生计。本章提出四种类型的劳动力体制：强迫劳动、半无产阶级化（semi-proletarianization）、"家庭"劳动力（"农民"的小商品生产）和无产阶级化（见表4-2）。我们可以在加勒比海地区和拉丁美洲看到强迫劳动的体制，强迫劳动至少也存在于亚洲和非洲殖民时代的早期阶段。这常常包括徭役劳动，如修建殖民主义商业的"血管"（公路、铁路）、搬运工作以及在种植园和矿场做苦力。另一种形式的强迫劳动力体制是契约劳动形式。这发生在大英帝国奴隶制度终结之后，数百万印度和中国工人成为合同劳工，他们有固定的合同期限，通常在种植园内劳作，如加勒比海地区、南非、毛里求斯和斐济的甘蔗种植园，以及马来半岛（今天的马来西亚）的橡胶种植园。

表4-2总结了殖民时期劳动力体制的一些主要特

征，并突出了一些分析性的思想。但是，我们只在影响任何特定历史进程的许多决定因素（马克思，见第一章）之中讨论了三种决定因素，即生产者与生产资料是否分离，是否存在超经济强制，以及是不是"自由的"雇佣工人。例如，在第四列的几个地方使用了"过渡性"一词，这表明有些类型的雇佣劳动力体制并不要求工人被完全剥夺自由，或工人具有完全的"自由"。这并不意味着"半无产阶级化"的工人必然只是暂时地处在"过渡性"的位置。确实，有些人认为，在南半球的很多地区，生活资料商品化导致的更为普遍的结果是半无产阶级化，而不是"完全"无产阶级化。这一论断同样需要"具体"说明，特别是这发生在何时、何地，以及为什么会发生（见第八章）。

表4-2中的第二个因素已经在第三章中提到：农村劳动力的类别——包括"自由"和"不自由"的劳动力——在社会现实中通常是变幻不定、隐约不明的。这也体现在农业资本主义的一些"混杂"形式的概念中。在这些形式中，劳动力体制同样具有"混杂"性（Banaji 2010）。

最后，表4-2并没有指出"家庭"劳动力的农业企业会受到超经济强制的影响，哪怕最初是"强制商品化"使其进入商品关系之中。这里，我假定，到殖民主义结束时，农民家庭会被"经济力量的无声强制"（即生活资料的商品化）"锁入"（locked into）商品生产之

表 4 - 2　殖民时代的劳动力体制

| 劳动力体制 | | 生产者与生产资料的分离 | 超经济强制 | "自由的"雇佣工人 | 举例 |
|---|---|---|---|---|---|
| 1. 强迫劳动 | 奴隶制 | 完全分离 | 有 | 否 | 加勒比海地区、巴西、美国南部，16—19 世纪 |
| | 岁贡、实物地租 | 不分离 | 有 | 否 | 西属美洲，16—17 世纪；非洲，19 世纪至 20 世纪早期 |
| | 劳役制 | 部分分离 | 有 | 否 | 西属美洲，从 16 世纪起；非洲、亚洲，19 世纪至 20 世纪早期 |
| | 契约劳动 | 完全分离 | 部分 | "过渡性的" | 加勒比海地区、东非、马来半岛、毛里求斯、斐济，19—20 世纪 |
| 2. 半无产阶级化 | 雇佣劳动＋债务奴役 | 部分或完全分离 | 无 | "过渡性的" | 西属美洲，从 17 世纪起；亚洲，19—20 世纪 |
| | 雇佣劳动＋自有小块土地农耕（"边缘性的"）或其他形式的"自我雇用" | 部分分离 | 无 | "过渡性的" | 印度和非洲，19 世纪；更普遍的是在 20 世纪 |
| 3. "家庭"劳动力（"农民"的小商品生产） | | 不分离 | 无 | 否 | 印度和非洲，19 世纪；更普遍的是在 20 世纪 |
| 4. 无产阶级化 | | 完全分离 | 无 | 是 | 殖民地的一些经济部门，在拉丁美洲、亚洲和非洲分别始于 18、19 和 20 世纪 |

中，正如无产阶级（和半无产阶级）被迫出卖自己的劳动力一样。我会在后面再讲述这一点。

回顾第三章所说的两种方式，有些人赞美商业资本主义的漫长历史，认为不管其劳动力体制如何混杂，也不管劳动力是部分还是全部"不自由"，欧洲殖民主义最终还是在拉美、亚洲和非洲建立了资本主义的农业生产形式。相反，那些赞成更为严格的农政转型道路（英格兰模式）的人认为，如果劳动力体制不是建立在完全由资本雇用"自由"劳工的基础上，那么农业生产形式就是"前资本主义"或"非资本主义"的。同时，他们可能认为那些生产形式促进了原始积累，这就将我们带入第二个议题。

**殖民主义是资本主义出现的必要条件吗？**

对有些学者而言，资本主义是殖民主义创造的世界体系。因此，他们将哥伦布 1492 年到达新大陆这一决定性的时刻划定为资本主义的开端。这为安德烈·冈德·弗兰克（Andre Gunder Frank）关于第三世界的著名命题"不发达的发展"（the development of underdevelopment）提供了历史框架（Frank 1967）。而且，它以某种不同的方式使伊曼纽尔·沃勒斯坦（Immanuel Wallerstein 1979）在创建"现代世界体系"理论时受益。这一体系后来得到阿里吉和摩尔（见第三章）以及其他人的完善和发展。

持以上观点的学者可能会声称得到马克思的支持，马克思这样写道：

> 美洲金银产地的发现，土著居民的被剿灭、被奴役和被埋葬于矿井，对东印度开始进行的征服和掠夺，非洲变成商业性地猎获黑人的场所——这一切标志着资本主义生产时代的曙光。(1976：915)[①]

布尔什维克经济学家普列奥布拉任斯基在 20 世纪 20 年代呼应了马克思的观点。他思考的问题是，在没有外界资源提供原始积累、促使资本主义产生的情况下，苏联如何能够实现"社会主义的原始积累"。他认为，这些积累的源泉包括："世界贸易国的殖民政策……以税收的形式掠夺原住民，没收原住民的财产、耕牛、土地以及他们的贵重金属储备，将被征服的农民变成奴隶，使用各种各样的拙劣的欺骗方法，如此等等。"(Preobrazhensky 1965：85)

请注意，在上面引用的马克思和普列奥布拉任斯基的论述中，大部分掠夺的方法也能够在前资本主义农业国家和帝国的扩张与征服史中找到。对有些学者而言，

---

[①] 本段采用了中文的通行翻译，见马克思《资本论》（第一卷），中共中央马克思恩格斯列宁斯大林著作编译局译，人民出版社，2004，第860—861 页。——译者注

这意味着尽管直接或间接的殖民主义可能推动了欧洲向资本主义的过渡，但它并不能为资本主义的产生提供充分条件。因为，这需要形成新的社会关系和生产结构，英格兰（以及西北欧其他部分地区）在农政转型过程中首先进行了这样的尝试，这促成了工业资本主义的诞生。这一点也可以用来认识和对比不同时期、不同形式的欧洲殖民主义，从16世纪的西班牙和葡萄牙——无论是被视为"封建的"还是"商业的"——到19世纪中期和20世纪中期的英法资本主义殖民制度。例如，16世纪西班牙的财富和权力很大程度上来自殖民地的白银。但之后，随着英国和欧洲其他地区经历了向农业资本主义和工业资本主义的过渡，西班牙的经济相对落后了。简单一点来说，财富并不等于促进生产、提高生产率的资本[4]。那么，随着欧洲其他地区工业资本主义的快速增长，以及一种新型殖民主义先后在亚洲和非洲开始最为重要的统治时期，落后的西班牙因为这些国家的发展而在19世纪上半叶失去在美洲的殖民地，这一点还重要吗？

特别是，18世纪晚期以后，欧洲的经济开始增长，其工业资本主义也从19世纪中期开始进入"扩张"时期，那么，来自殖民地的原始积累是否对此起到重要的作用呢？对这一问题的讨论一直在持续，而且日趋激烈。尽管很多讨论集中在殖民主义的成因及其对欧洲资本主义发展的作用和影响方面，但还是有一些难得的重要分析，这些分析关注了殖民主义对殖民地的影响，尤其是，在有些情况下，殖民主义对殖民地的劳动组织、土地制度和耕作形式进行的大规模（常常是残忍的）重构。殖民征服和掠夺带来了社会和生态的巨变，甚至是崩坏，而这并没有对欧洲的积累产生什么影响。这更加凸显了在全球资本主义发展中内在的大量不平等现实。

## 为了殖民地的经济发展？

马克思（Marx 1976：91）表示，向资本主义过渡的国家可能因为"资本主义生产的发展以及发展的不完全"而饱受苦难。对于为什么殖民地独立时的资本主义发展"不完全"，存在不同的观点。这些观点常常与这样一种看法相关：将拉美、亚洲和非洲地区殖民式地整合到新兴资本主义世界经济之中，这导致了这些社会的"欠发达"。在劳动力体制方面，有些人认为，殖民主义没有以充分的资本主义方式改造包括农业在内的生产关系。更为煽动性的论述是：殖民地之所以欠发达，并非因为它们遭受了剥削，而是因为它们"被剥削得不够"（Kay 1975）。也就是说，它们的资本主义生产关系并没有得到完全的改造，因此生产关系不能驱使劳动生产率持续提高，剥削率（即剩余价值率，在第三章有解释）因而不能节节攀升。这里所说的改造不完全，是指在殖民政策和殖民资本有意或无意的影响下，前资本主义或非资本主义的生产关系仍然在殖民地持续存在。

另一个观点与原始积累有关，即"剩余流出"（surplus drain）的问题：欧洲各国组织了殖民地的生产和贸易，以便汲取"剩余"（或利润），为自己或资产阶级的利益服务。这是一种绵延不绝的原始积累，推动了工业资本主义在欧洲的发展。殖民地是原材料的重要源泉，这些农业和矿产原材料由"廉价"的农民劳动力和半无产阶级化的工人生产出来。工业化过程受阻（在人口稠密的农业地区，更为"先进"的农业生产方式同样会受到阻碍），是因为宗主国不希望殖民地对本国的工业形成竞争，而倾向于确保殖民地一直是被本国制成品"俘获的"市场。在这种情况下，因为积累有限，殖民地地区的资本主义发展不完全在所难免，民族资产阶级也无法形成。

宗主国——特别是在工业资本主义时期的殖民时代的最后阶段——声称它们的使命是将文明的火种输送给亚非人民。它们进行了适度的控制，采取渐进的方式，但这些都是为了避免社会和政治的混乱。这其中也包括殖民地经济的发展，但发展经济意味着扩展商品关系，即融入市场和货币经济体系之中。还有一种观点自认为得到马克思思想的支持。这种观点认为，殖民主义"客观上必须"在南半球地区的前资本主义社会中播撒资本主义的种子。这种观点的逻辑是：无论带来多少苦难，资本主义都是进步的象征，因为它是比以往任何阶级社会都更有生产力的经济体制；它能更"有效率"地剥削劳动力，这是生产力以前所未有的速度持续发展的基础。因此，摆脱殖民统治获得独立以后，经济增长策略的正确目标就是：政府通过积极的干预，延续和深化殖民主义所点燃的资本主义的星星之火。如果没有明确、坚定地实现这一目标，经济的发展就会相对落后（Warren 1980；Sender and Smith 1986）。

时至今日，本章最后所强调的问题仍然在有关南方国家社会经济发展的讨论中引起反响。例如，南方国家中代表前资本主义或非资本主义的社会关系与生产形式的小规模农民是否阻碍了经济的发展？他们是否代表了一种反资本主义的农业形式和生活方式？而这是否能取代资本主义农业的统治地位（见前面谈及的"农民之路"运动）？如果我们将南方国家中"持续存在"的前资本主义的一些重要因素弃之不顾，是否就把问题简单地转化为讨论哪些资本主义形式是"高级"或"不高级"的？对此，争议同样存在（见第三章结尾处的第三个问题）。在全球范围内的资本主义不平衡发展将如何影响对这些问题（和其他问题）的解释（见第三章结尾处的第四个问题）？下面的章节将深入探讨由此引发的殖民主义终结以后农政变迁的阶级动力问题。

## 注　释

[1] 请注意，历史学家一般把 1914 年之前的数十年称为全球化的第一个"黄金时代"。

[2] 在这一方面，寄生性地主所有制与拉丁美洲早期殖民地庄园（在殖民者向原住民以实物或劳役的形式征税时期），或更为普遍的"封建"地主所有制是有些类似的。但与英国、日本转型期间"进步地主"所发挥的作用正好相反，这在第三章已经简要论述过。

[3] 更为复杂的是，对这些问题的分析存在许多迥异的观点，而这些观点都声称自己得到马克思著作的支持，而且或多或少有些可信之处。另外，马克思的观点也发生过变化。

[4] 一个类似的观点就是为什么前资本主义时期的伟大农业文明没有孕育出工业资本主义，尽管它们拥有庞大的财富和权力，拥有的一些技术在世界现代史早期阶段还要优于欧洲，而且明显具有自己的"商业资本主义"萌芽，比如，一个常用的例子就是中国（Pomeranz 2000；Goody 2004）。这些文明的政权在本章所描绘的这个阶段或颠覆，或崩塌。这包括 16 世纪拉丁美洲阿兹特克人和印加人的统治、18 世纪的印度莫卧儿王朝，还有 19 世纪中国的清朝，以及第一次世界大战后，相继灭亡的欧亚大陆残存的最后一批古老帝国：哈布斯堡王朝（奥匈帝国）、罗曼诺夫王朝（俄国）和奥斯曼帝国（土耳其及其附属国）。

## | 第五章 |

# 农耕与农业：从地方到全球

第三、四两章强调了一些一般性的主题，即在现代世界的形成过程中，从资本主义的起源和早期发展到殖民主义的终结，其中包括土地使用和劳动力体制的变化以及阶级的动态变化。借此，本书呈现了在不同时空下，农业经营规模的扩张、农业商品贸易地理区域的拓展，以及贸易总量和贸易价值的上升。

本章将采用一个不同的视角，对前面的章节进行补充。它特别从两个相互关联的过程来讨论规模扩大的问题：一是农耕（曾经最为地方化的活动）如何变成"农业"或"农业部门"（agricultural sector）的一部分；二是资本主义农业市场的扩大以及供需的源泉，如何有赖于商品关系与劳动分工的拓展和深化所带来的社会范围的扩大。

除了将农场中的产出（作物和牲畜）描述为"农业的"（agricultural）以外，"农耕"（farming）和"农业"（agriculture）经常是交替使用的词语，但我尽量避免这样做。我宁愿用"农政"（agrarian）一词来描述农业耕作的实践和社会关系、农耕社会以及农耕的变化过程。当我们考察农政变迁特别是 19 世纪 70 年代以来的变化时，区分这两者就有意义了。这一阶段的重要性已经在第四章指出，这里我将探讨延伸至 20 世纪 70 年代，以展现从农耕到农业的一些关键变化，特别是以下方面：

☐ 技术进步的工业基础；
☐ 农业全球市场的形成与劳动分工，尤其是在主要粮食作物方面；
☐ "农业部门"成为政策的对象。

如在第三、四章所指出的，我将提供一些总体的历史纲要，选择一些案例，介绍某些观点和议题的来龙去脉。第六章将会讨论今天正在发生的故事。

## 从农耕到农业

关于全球经济的形成，赫尔曼·施瓦茨（Herman Schwartz）在他的一部杰出著作中指出：

（在工业资本主义之前）作物的陆路运输范围很少超过 20 英里。因此，几乎所有的经济、社会和政治生活都发生在以集镇（集市）为中心的微经济圈内，每个集镇（集市）覆盖的范围一般是方圆 20 英里的农业区……从 15 世纪到 19 世纪末，农业都是全球经济的核心（自然也是大多数"地方"经济的核心）……粮食和农业原材料直到 1929 年都还占据世界贸易的半壁江山。（Herman Schwartz 2000：13）

这两个发现似乎彼此矛盾，但有助于我们思考这里讲到的从农耕到农业的转变。从第一个发现来说，农耕就是指农民从事的活动。农民从事耕作已有数千年：在已经建立起来的土地田块上和划定边界的牧场上耕种土地、放养牲畜，或者两者兼顾。农民在农耕活动中常常需要应对自然条件，需要面临各种各样的不确定因素和风险，包括反复无常的气候（降雨和气温）和土壤退化，而土壤退化是一种生物化学的趋势，除非农民采取措施保持或恢复土壤的肥力。因此，成功的农耕活动需要农民对当地的生态条件有相当高水平的知识，以及在可接受的不确定性和风险范围内，有意愿去创造和采取更好的耕作方法。人类学家保罗·理查兹（Paul Richards 1986）对塞拉利昂种植水稻的农民进行了细致的研究。

他告诉我们，哪怕是（或尤其是）运用所谓的简单技术和工具，比如挖掘棒、锄头、砍刀和斧头等，农民也展现了进行小规模的实验并积累知识的卓越能力。

回顾第二章所提到的一些其他因素，我们知道，农耕的社会条件至少应该包括有权获得和使用土地、劳动力、工具和种子。从历史上来说，让农耕方法得以保全、耕作活动得以开展的主要社会单位就是农户。再次说明一下，如同前面提及的"财产""收入"等术语一样，我们也需要注意：在不同社会、不同时期，农户的大小、农户的组成、农户内部的社会关系（特别是性别关系）以及社区内农户之间的社会关系都有很大的差异。

在工业资本主义到来之前，农耕在社会和空间的范围上都是有限的。它存在于相对简单的社会分工之中，非农群体或非农阶级一般难以影响农民的耕作方式。这种简单的描述当然也有一些先决条件。有时，需要外部机构为单个农户或村庄提供他们不能自己解决的重要生产条件。一个最广为人知的例子就是在东亚、西亚（美索不达米亚）、北非（埃及）和被殖民前的中美洲地区（墨西哥），国家修建并维护了主要的大型灌溉工程（Bray 1986）。还有另外一个重要的限制条件，即商业资本主义的先行者出现（见第三章），即积极管理地产上的劳动过程的、具有企业家精神的地主。第三个限定条件是主要粮食作物、其他作物和牲畜的传播。这一引人注目的传播史表明，它们从原产地传播到其他地区并被当地接受，有时带来深刻的生态与社会影响（Grigg 1974；Crosby 1986，关于殖民主义在美洲和其他地区的"生态帝国主义"）。第四个条件在于，水运交通能够相对容易地运输和交易大宗农产品。农业文明的起源，尤其是在干旱地区的起源，一般是在大河盆地。河流是灌溉的源泉，也方便了驳船和小船运送粮食，以供养宫廷、军队以及城镇的非农业人口（城镇一般也建在河流两岸）。海运从古代开始就是地中海农业贸易的关键。

但是，农耕在大部分历史时期，直至近代，都是极为地方化的活动和生活方式[1]。农耕的地方性包括：

□ 使用"绿色"肥料和（农场或附近的）动物粪便，并以休耕和轮作的形式保持土壤肥力，这被称为"循环的农业生态系统"（closed-loop agro-ecological systems）；

□ 相邻的农户在农耕的某些关键季节集体劳动，特别是当天气条件不确定的时候，以保证及时地播种和收割；

□ 本地的手工艺人为农民提供他们自己不能生产的产品和服务，包括他们使用的一些工具。

资本主义的发展推动了劳动分工的专门化，曾经非常普遍的农耕生产和家庭手工业生产（比如纺织）的结合逐渐被破坏，这是一个常见的事例，马克思在英国观察到这一现实。而巴格奇在印度（见第四章）的观察表明，殖民主义使印度更加"农村化"和"农民化"，即农村地区的经济形态更为狭窄。

在资本主义产生之前的农业社会，无论是在欧洲腹地还是在殖民地地区，大部分人都在种地。我们现在所说的"农业"（agriculture），在那个时候就是一个简单的集合，即农民及其活动的总和。在一定程度上，农民与非农人口一般是通过典型的本地产品交换的方式和地租、赋税彼此关联，并没有受到更广范围的劳动分工、技术进步以及市场力量的影响，而这些因素后来成为工业资本主义中"农业部门"的主要特征。

在"现代"经济（即资本主义经济）的出现和发展过程中，"农业部门"的概念被创造出来，并得到应用。马克思指出，农业和工业之间的劳动分工，以及农村和城市之间的劳动分工，是资本主义发展的主要特征。只有当工业部门（industrial sector）在北方国家兴起，只有当工业化成为南方国家摆脱殖民地位并获得独立之后"国家发展"（national development）的主要经济目标，将农业部门区分出来才具有意义。

我所说的现代资本主义社会中的"农业"或"农业部门"，是指农耕以及影响农民行为和农民再生产的所有经济利益（集团）以及他们的专门组织与活动，还包括处于农耕活动"上游"（upstream）和"下游"（downstream）的行业。在这里，"上游"是指农耕的生产条件以及这些条件如何得到满足，包括提供劳动工具，或者说"投入"（如农具、化肥和种子），以及土地、劳动力和信贷的市场，当然，关键的条件还有劳动力的动员。"下游"是指作物和牲畜运出农场之后被如何处理，如销售、加工、分配等，以及这些活动如何影响农民自身再生产所必需的收入。用魏斯（Weis 2007）的话来说，农业投入资本与农业食物资本分别代表了今天资本主义农业中农耕活动的上游和下游行业。

在资本主义社会，无论是从劳动分工中的地位来看，还是作为公共政策的对象而言，农业已经越来越成为一个单独的"部门"。这两个方面彼此关联，与早先提到的核心动力也有关系，即生活资料的商品化。在此过程中，一度基本上自给自足的农民不得不越来越依赖市场（商品交换），以进行他们的再生产。实际上，他们不得不依赖货币收入，以便纳税或缴纳货币地租（而不是实物或劳役地租）；购买他们不再能够通过自己的劳动而获得或本地经济组织就可以提供的消费品；以及购买生产资料，如化肥、种子、工具和其他农场设备[2]。

从19世纪70年代至今，农耕的技术条件发生了革命性的变化。这不同于之前漫长历史中的渐进性变化，即在培育和改良动植物品种、改进种植方式和土地管理方法上谨慎地、逐步地革新。即便是英国从16世纪开始较早地向资本主义农业过渡时的技术革命，也不能与之后发生的技术变革相比拟[3]。

将19世纪70年代作为历史分割线，彰显了"第二次工业革命"所带来的影响（见第四章）。第一次工业革命的物质基础是铁、煤和蒸汽动力，第二次工业革命的物质基础则是钢、化学制品、电和石油。第二次工业革命及其创新逐渐从以下三个方面改变了农耕的生产率（见第二章），这种变化从20世纪40年代后开始提速：

□ 化肥和其他农用药剂对土地生产率（产量）的影响；

□ 科学育种对产量的影响（这受到遗传学的新知识及其在生产中的应用的推动）；

□ 内燃机被用于拖拉机和其他农用机器，改变了劳动生产率。

## "自然的大都市"与第一个国际食物体制（19世纪70年代至1914年）

让我们回顾之前提到的施瓦茨的发现，在他所说的全球经济五百年的大部分时期，大宗农业商品的运输仍

然主要依靠水运：河流、湖泊和海洋。首批定期进行跨
洋运输的大宗农产品是来自巴西和加勒比海地区奴隶种
植园的蔗糖。在陆路运输的革新之中，铁路的发明和延
展极大地扩大了农产品国际贸易的规模，陆路运输在跨
越长远距离方面足以与海运相媲美。铁路运输使阿根廷、
澳大利亚、加拿大尤其是美国的牧场成为世界上最大的
粮食和肉类出口地。这就是 1870—1914 年第一个国际食
物体制（International Food Regime，IFR）的基础，它是
"第一个主要生活资料受价格支配的（国际）市场"
（Friedmann 2004：125）。用弗里德曼（Friedmann）的话
来说，是"殖民与被殖民"的体制"打开"了"几乎未
被开垦过的广袤土地的边界，这些之前人口稀少、鲜有
人耕种的土地变成了大规模生产小麦和牛肉的农场，出
口到因为快速城市化而越来越依靠粮食进口的欧洲"。

　　因此，之后的资本主义农业史的重要篇章并没有书
写在资本主义农业的发源地，即西北欧的土地上，而是
书写在美国中西部地区广袤的草原上，后来这里建成了
芝加哥。威廉·克罗农（William Cronon 1991）将这座
城市描述为"自然的大都市"（Nature's Metropolis）。到
19 世纪下半叶，芝加哥和附近的农业区域因为铁路的发
展而不断扩大，并首先在农业的以下几个方面之间建立
了关联：

- 广泛的粮食作物单一种植（为人类和动物提供食物）；
- 以工业方式和规模屠宰肉牛，并进行牛肉制品加工；
- 农业设备的工业化生产（特别是钢犁和之后的拖拉机）；
- 具有能够以前所未有的规模长途运输粮食和肉类产品（这需要冰箱）的基础设施；
- 期货市场和其他制度创新为农业商品的生产和贸易进行融资。

实际上，芝加哥整合并形塑了农耕活动，它在现代农业企业的很多方面都是先行者。它也代表了19世纪70年代以来，对国际农业贸易和劳动分工都至关重要的"温带粮畜组合"式生产体系。

欧洲的农民因无力与廉价的进口粮食竞争，只好转而生产更加集约的高价值产品，比如奶制品、水果和蔬菜，也有些农民弃耕并离开了农村。除了这两个主要的温带农业区，还有亚非热带农业生产与出口对此形成补充。差不多在同一时期，这些地区的殖民整合也完全建立了起来。这一时期的"工业种植园"（见第四章）说明农耕向农业的转变除了美国中西部外，还有相应的热带和殖民地地区的形式。安·斯托勒（Ann Stoler 1985：

17）在对苏门答腊岛种植园的研究中指出，将"工业种植园"与早期的种植园区别开来的，是它的生产组织与生产方法之间的关联、所有权结构，以及它与金融资本、船运、工业化加工业和制造业之间的紧密联系；这些说明了19世纪晚期在"世界范围内向农业企业的转向"。正如"温带粮畜组合"的大草原，很多"工业种植园"所在的区域也是新开垦的农业区，是通过伐尽大片热带森林而开垦的土地。

简言之，从19世纪70年代开始，出现了农业生产与贸易的全球劳动分工，包括：

❑ 在美洲、非洲南部、澳大利亚和新西兰的温带地区，殖民者开始建立"新欧洲"（neo-Europes）（Crosby 1986），并开辟粮食与肉类生产的新区域；

❑ 随着农村人口向外流动的加速，欧洲部分地区的农耕形式更为多样化；

❑ 亚非殖民地和中南美洲的前殖民地开始专门种植热带出口作物，其中有些是小农或资本主义大农场，有些是工业种植园。

劳动的全球分工及其经济动力的关键因素是从农耕到农业的转型。它把技术条件和生产组织的重大变革（特别是在"新欧洲"、欧洲本土以及热带工业种植园）

与国际贸易的大规模扩张联系在一起，涉及的产品包括温带粮畜组合区生产的主要粮食作物，以及"热带食物"（如蔗糖、可可、橡胶、茶叶和咖啡等食物和饮料）和大部分热带工业原料作物（如橡胶、油棕、棉花、剑麻和黄麻等）。

在农业作为政策的对象方面，就第一个国际食物体制的供应而言：

> 殖民者通过政治剥夺和在新土地上殖民，使农业商品生产变得廉价……宗主国还通过土地和移民政策以及建立社会基础设施（主要是铁路和信贷机构），积极鼓励专业化的商品生产。（Friedmann and McMichael 1989：101）

在需求方面，1846 年英国废除了《谷物法》（*the Corn Laws*）后，通往相对自由的贸易秩序的通道被打开。《谷物法》本来是保护英国农民、地主及其商业性地租不受廉价进口粮食的影响[4]。尽管法律的废除早于 1870 年这一历史分水岭，但它和该年份还是有一些关联的。19 世纪 40 年代，英国有了第一个工业资产阶级。该阶级对自己的国际竞争力相当自信，也认为有能力为"自由贸易"而与本国的"农业利益集团"（agricultural interest）较量，包括用更廉价的进口粮食保证低廉的工资和劳动力成本。《谷物法》废除后，英国强迫欧洲其他国家采取了类似的措施，这为数十年后"国际食物体制"中相对自由的贸易秩序铺平了道路。随着小麦进口数量的急速增长，英国的谷物生产在那时经历了严重的竞争压力[5]。

第四章简要描述了这一时期亚非殖民地当局的一些典型政策，如强行将小农的生活资料商品化，推动建立工业种植园、殖民者农场和商用林地。生活资料的商品化将很多活动结合起来，从而深化和扩大了劳动分工。例如，小农不得不种植专供出口的作物，或者为越来越多在矿场、建筑和制造行业以及工业种植园工作的雇佣工人生产口粮，或者成为季节性雇佣工人。也是从19世纪开始，宗主国政府在它们的亚非领地上设立了农业部。在此期间，农业研究的重点对象是主要的出口作物（如蔗糖和橡胶），而对热带地区的主要粮食作物置若罔闻。

最后，如在第四章提及的，当地的农民也开拓了一些农业区，他们移居他处，开荒耕种新的出口作物。尽管这是他们自己的选择，但在这一时期及后来的岁月里，专门化的出口生产也使他们与资本主义公司的结合越来越紧密，后者购买、运输和加工他们的农产品。这种结合的表现之一就是国际贸易中热带产品（如咖啡、可可和橡胶）的质量标准和贸易规则都发展了起来（Daviron 2002）。

# 从自由贸易到保护主义（1914 年至 20 世纪 40 年代）

1914—1918 年和 1939—1945 年的两次世界大战以及 20 世纪 30 年代的大萧条和它所带来的国际贸易领域的后果，深刻地影响了资本主义世界经济。尽管世界经济在萎缩，但由于世界资本主义发展通常是不平衡的，所以上面所描述的过程还在持续。但还是有一个例外，那就是第一次国际食物体制在 1914 年崩溃了，而战时的政策和大萧条却在工业资本主义国家催生了广泛的农业保护主义[6]。其中的一个重要事件是美国罗斯福政府在 20 世纪 30 年代的"新政"（New Deal）中制定了广泛的农业支持政策[7]，这对后来发生的事情产生了重大影响。该政策以"最低限价"保护了农民，即由政府收购以当时的市场价格无法出售的多余的粮食库存。

与此同时，英国、法国和欧洲其他宗主国试图从亚非属地的农业人口身上榨取更多的剩余。欧洲用于支持本国农民（或者更广义上说是农业企业）的主要农产品购销管理局也在非洲的殖民地上建立起来，以便从当地农民身上搜刮更多的税收。在印度，大萧条强化了当时的生产模式，即用于国内消费的主要粮食作物的生产被出口产品（如棉花、黄麻、蔗糖和精细谷物）的生产取

代，这也导致了孟加拉邦地区1943—1944年的大饥荒
（见第四章）。

## 第二个国际食物体制（20世纪40—70年代）

二战之后的时期呈现这样一些主要特征：出现了美、
苏两个"超级大国"，并成为竞争对手；它们在新独立
的亚非国家中争夺盟友（也有些国家由于种种原因同时
得到两个"超级大国"的支持）；从20世纪50年代至
70年代早期，资本主义世界经济恢复了元气并显著扩
张。在上文所提到的全球劳动分工的三个主要地区内，
这些特征形塑了农业的发展及其对农业耕作的影响。

自20世纪40年代后期以来，在美国，或更一般地
说，在北方工业化国家，农耕技术转型的步伐明显加快。
其方式是"化学化"（如化肥、杀虫剂和除草剂）、机械
化以及开发高产的种子与牲畜（使奶和肉的产量更高）。
在很大程度上，北方农耕技术的快速转变反映了上游农
业投入公司在不断扩大和集中。这导致农耕更加集中，
农场数量减少、规模变大，农场更加专业化和资本化，
劳动生产率也因此不断提高。1950—1972年，在农场工
作的人口占美国总劳动人口的比例从15%下降到5%
（Friedmann 1990：24）。另外一个影响是，北方和南方的
资本主义大农场主与集中在南方国家的小农之间的土地

生产率和劳动生产率的差距迅速扩大，这在第二章也提到过。

这很快带来了我们熟知的资本主义生产过剩问题。马克思做了这样的分析：资本主义的竞争和劳动生产率的增长使大量的商品被生产出来，但无法出售，因为缺少"有效需求"（effective demand）。这是一个经济学术语，指是否具有足够的购买力来购买供出售的商品。反过来，这也反映了资本主义的基本特征："有效需求"体现了"谁得到什么"，指消费者能够用于消费的"可支配收入"（disposable incomes）（包括贷款），而不是指谁需要什么。这是今天关于全球食物经济的讨论中一个尤为尖锐的主题：食物生产并不存在绝对的短缺，但众多的民众因为缺少收入购买足够果腹的食物，而不得不忍饥挨饿。

美国政府持续的"农业支持"政策，实际上是支持农业企业的政策。这一政策导致了上面的这个问题，但它又在第二个国际食物体制的形成过程中找到一个暂时的"解决办法"，即把美国的剩余粮食转变为粮食援助（food aid），首先用于帮助西欧国家实现战后重建，后来又运往第三世界国家，而粮食援助是在冷战时期外交政策中具有策略性的一环。弗里德曼（Friedmann 2004）称之为"商业性与工业性的食物体制"。它是商业性的，因为它补贴了农业生产，并为美国、欧洲和农业利益集

98

团（包括大型粮食贸易公司）的利益而操纵贸易，同时
还有利于对第三世界的外交政策；它也是工业性的，因
为在这一体制中，农业投入公司的重要性越来越明显。

　　第一个主要由价格支配的国际食物体制为欧洲的粮
食生产带去了竞争的压力，第二个国际食物体制却将
"商业性"贸易政策与"以大西洋经济为中心的跨国农
业食物集团"结合了起来（Friedmann 1993：18）。在这
个集团内，欧洲国家也效仿美国，在农业政策中扮演了
"国家"的角色，即通过其（现在的欧盟）共同农业政
策（Common Agricultural Policy，CAP）来支持农业的生
产与出口[8]。

　　北方诸国在战后进入经济繁荣期，居民实际收入增
长，消费增多，并出现了新的大众消费主义文化。尤其
是肉类、加工食品和方便食品的日常消费急剧上升，这
显示了处于下游的跨国农业食物集团中的农业食物企业
日益重要。

　　恩格尔定律（Engel's Law）是德国统计学家恩斯
特·恩格尔（Ernst Engel 1821－1896）提出的，它说明
随着家庭收入的增加，家庭收入中用于购买食物的支出
比例趋于减少。用经济学的术语来说，"食物需求的收
入弹性"小于1，这意味着可支配收入每增加一个单位，
其中只有（而且是递减的）一部分会用于购买食物。但
是，这并不意味着食物开支数量在减少。举一个简单的

例子，如果一个家庭的年收入是 1 万美元，用 10% 购买食物（即 1000 美元），当家庭收入增加一倍，即到 2 万美元时，用于购买食物的比例下降到 7%，即 1400 美元，这样，用于食物的支出资金总量增加了 40%[9]。简言之，农业食物产业扩张了，它们竞相供应产品，以刺激用于购买食物的总消费。从 20 世纪 50 年代开始，一些著名的农业食物企业开始腾飞，尤其是那些收购和屠宰牲畜的企业、肉类加工企业，以及涉足当今全球化快餐链的企业，这些企业今天更加扩展了其经济和地理范围（见第六章）。

对南方国家而言，在最初优惠的粮食援助条件下，从美国（后来从欧盟）进口的小麦比本国农业生产供应的更加廉价。这有利于促进过去在粮食生产方面能够自给自足的国家的工业发展。这些国家的情形类似于大约 1 个世纪前废除《谷物法》之后的英国。弗里德曼在解释"第三世界食物依赖的起源"（Friedmann 1990）时强调了这一点，并将拉丁美洲、北非和西亚的部分地区作为例证。

# 发展主义时期的农业现代化
## （20 世纪 50—70 年代）

亚非新近独立的国家在很大程度上仍然处于农业社

会，但它们要进行"国家发展"。大多数拉美国家也是如此，虽然这些国家的工业化程度更高一些[10]。农业现代化通常是"国家发展"理念的核心成分，但相比于对工业化的渴望，农业现代化又是次要的。优先考虑工业化意味着用廉价的进口小麦替代国内的粮食生产，或者"推迟"农业现代化，直至国家的工业得到发展并能够为农业提供现代投入。这一思想是印度独立后 20 年内、"绿色革命"发起之前的国家发展规划的主导观念。

　　在"发展主义"（developmentalism）［即追求国家主导的发展（state-led development）］的鼎盛时期，即 20世纪 50—70 年代，南方国家的政府采取并应用了一系列政策措施来将他们的农业"现代化"。农业政策也被用来解决殖民历史遗留下来的矛盾冲突和社会紧张，在拉丁美洲、亚洲和非洲皆是如此。因此，各种各样的土地改革措施在这一时期蓬勃开展（见第七章）。在非洲和东南亚的部分地区，还有政府补贴或强制推行的农村居民的移民安置活动（非常接近于过去的殖民措施）。20 世纪 70 年代，世界银行和美国国际开发署（USAID）强力推出"综合农村发展计划"（Integrated Rural Development Programs，IRDPS）。这是一个全面的一揽子方案，包括为农村提供教育、卫生和经济服务。有些人认为，这是那些国际组织对发生在越南的以农民为基础的、由共产党领导的、胜利的民族解放运动的回应。

在这一时期，农业与农村发展政策呈现大量的制度性变化和频繁的"范式更替"，或者说得更简单些，即总在不断更新方式，今天仍然如此[11]。尽管有所不同，但现代化的政策和计划遵循了同一个中心逻辑，即以深化商品关系为基础提高农业生产，而不论是"小农"发展方式，还是大规模农场方式；不论是公有的方式，还是私有的方式。这些常常是由南方国家的政府与世界银行、国内外私人农业资本以及美、英、法等国的双边援助机构"联手"推动，所有这些组织和机构都在为现代化设计方案。

所谓"提高农业生产率"，就是要解决农耕的技术条件问题，如良种和耕作方法、更多地使用化肥、为农民提供"软"贷款和技术推广服务。这一般是基于作物种类（出口作物和粮食作物）的，其中最著名的范例是从20世纪60年代开始的绿色革命（Green Revolution）中种植的"三大"高产粮食品种（HYV），即玉米、小麦和水稻[12]。这套"技术包"通过使用高产品种、施用化肥，以及大量灌溉获得高产。这在第一章印度北部的故事片段中已经有过描述。

"深化商品关系"使农民更深地陷入市场之中，专门生产特定的商品用于出售，同时购买和使用更多的生产资料（"现代"投入）和包括食物在内的消费资料。实现这一目的的手段一般包括：

□ 通过国家农业银行或其他公共机构，提供用于季
　节性生产开支和固定资产投资的信用贷款服务；

□ 提供化肥补贴以及管井和水泵的电费补贴（在印
　度的灌溉区）；

□ 通过改善交通基础设施和专门的机构促进销售，
　比如合作社和准国家农业机构（其中一些是经过
　改造的殖民时代的遗留机构，如农产品购销管理
　局）；

□ “管理”主要作物的价格，尤其是为主要作物设定
　最低保护价。

20 世纪 70 年代，我生活在坦桑尼亚。那个时候，
准国家农业机构扩大到研发、农业投入与信贷服务、交
通、仓储、加工和营销等领域。这让我感到，坦桑尼亚
是在试图效仿北方国家上游与下游农业公司的方式来整
合和控制“农业部门”，尽管它们的条件极为不同
（Bernstein 1981）。乔纳森·巴克（Jonathan Barker 1989）
认为，撒哈拉以南非洲地区的这些农业现代化计划是在
创造“国家农民阶级”（state peasantries）。

我们很难概括这些在“发展主义”时期的农业现代
化计划的效果，因为政策措施各不相同，所提供的技术
和制度方案多种多样，政府实施政策的能力有高有低，

实施它们时所面临的生态条件和农耕类型的差别就更大
了。事实上，评估这些政策的影响通常很难，这本身就
是一个很大的产业。而且，农业的"业绩"受到多种其
他因素的影响，比如天气、宏观经济条件（例如，显然
牵涉到汇率和利率）、国际国内市场以及价格的波动变
化等。但是，还是有一些或大或小的成功范例，其中最
大的莫过于印度的绿色革命。它在很短时间内使印度的
粮食生产实现了自给自足。这并不是说，绿色革命的
"成功"是绝对的：它的生物化学"技术包"使小麦和
水稻增产的数量有限；有些地区还存在环境成本问题，
亦即可持续性问题。另外，并不是所有农民、所有食物
消费者都从绿色革命中同等受益。例如，有些土地被用
来种植高品质、更昂贵的作物品种，"粗粮"的生产减
少了，如谷子和豆子，而这些"粗粮"是穷人餐桌上主
要的蛋白质来源。

# 小　结

如果要回答哪些农民从不同的农业政策中获益，或
者更宽泛地说，从资本主义农政变迁的过程中获益，就
需要考察他们的分化，这是第八、九两章的主题。在进
入下一章（当代新自由主义全球化）之前，作为总结，
我想考察一下，与全球资本主义经济形成初期相比，当

今通过农业出口带动经济增长（export-led growth）的模式实现经济发展与工业化的可能前景。

在西方国家早期向工业资本主义过渡时，农业对这一过渡做出贡献。这之所以能够发生，是因为当时农产品价格在实际意义上通常远远高于今天的价格。"在整个19世纪一直到第一次世界大战之前，国际贸易条件都在向有利于农业的方向发展"；然而，从20世纪40年代开始，国际贸易条件大多"极不利于农业产品，而有利于工业产品，这种转变在工业革命后第一次出现"（Kitching 2001：154 - 155）。这一现象部分地反映了北方国家农业生产率的极大提高。对很多南方国家来说，在发展主义时期及以后（见第六章），热带农业产品出口的增加造成了系统性的生产过剩，这使国际市场的价格走低（咖啡或许是众所周知的例子）。

加文·基钦（Gavin Kitching 2001）也提醒我们注意，在当今最富有国家的工业刚开始起飞时，他们比南方诸国的人口更少、人口增长率更低。那时的工业技术一般也比现在更为密集地使用劳动力。因此，工业部门需要也能够更好地吸收因为原始积累和资本主义农业的发展而从农村转移出来的劳动力。即便如此，我们也能看到，在全球化的第一个"黄金时代"，大量不得不离开农村的欧洲农民和农业工人跨过大西洋，来到北美和南美。

## 注　释

[1] 但地方并不能和"静止不变"等同。在农耕的漫长历史中，农民不断开辟新的土地用于耕种。随着时间的流逝，这实际上创造了新的农耕地区。

[2] 但需要注意的是，一些理论家认为资本主义农业的形成并不意味着它所包含的农耕活动就是资本主义的。我会在第八、九章再讨论这一点。

[3] 一些历史学家认为，16—18世纪，英国资本主义的"广施化肥的耕作方法"（high farming）其实是依靠劳动密集型耕种方法使粮食产量剧增，并没有使劳动生产率显著增加。

[4] 请注意，这里的"谷物"（corn）是指小麦，而不是美国英语所理解的玉米（maize）。

[5] 也请注意，这一议题对今天的农业政治和发展政策仍有重要作用，特别是食物相对于工业产品的价格，或国内外农业部门与工业部门之间的"贸易条件"（terms of trade），后面还有论述。

[6] 1929年是大萧条的开端，有时也被看成是第一个国际食物体制崩溃和贸易保护主义出现的年份。

[7] "新政"是一套公共投资计划，其主要目标是解决普遍的失业问题，以实现经济复苏。

[8] 共同农业政策始于1962年，如今几乎占了欧盟预算开支

的一半。

[9] 与此形成鲜明对比的是，南方诸国的贫困家庭不得不将少得可怜的收入中的很大一部分用于购买食物，即便如此，也买不起足够的食物。第一章中孟加拉国佃农的故事能让读者略微了解这一情形。

[10] 在有些情况下，比如巴西和智利，当世界贸易在 20 世纪 30 年代陷入低迷时，它们已经通过"进口替代"（import substitution）战略实现了显著的工业增长：它们自己生产了以前需要进口的制成品。

[11] 这是普遍的现象。传统的发展模式致力于实现"双赢"，即经济得到发展，贫困同时消失。但是，这些处方常因资本主义的不平等和普遍矛盾而遭受挫败，因而需要发明出"新的"观念和方法，或者对旧有的改头换面，再贴上新的标签。然而，它们在实践中又会遇到同样的问题。

[12] 实际上，绿色革命在 20 世纪 30 年代高产品种被美国开发出来时就开始了，这是杰克·克洛彭堡（Jack Kloppenburg 2004）在一项重要研究中所讲述的故事。

| 第六章 |

# 新自由主义全球化与世界农业

从 20 世纪 70 年代开始，资本主义全球经济体系发生了深刻的变化，一般这一过程被称为全球化。当代全球化的重要性、意义、起因和影响一直都饱受争议。在最为宽泛的意义上，它是指资本在世界范围内重新布局的种种新形式，包括如下特质：

- 解除对金融市场的管制，将经济活动的所有方面"金融化"（financialization）；
- 对国际贸易的管制越来越放松；
- 跨国农业企业和制造业公司的生产、货源、技术和销售策略发生改变；
- 信息技术带来新的可能性，尤其是对经济活动的组织（生产与营销）和大众传播而言。

　　回头来看，如同一个世纪前的 19 世纪 70 年代，20
世纪 70 年代也是随后的世界经济结构体系调整的里程
碑。今天，全球化的发生同样是世界资本主义经济衰退和
"调整"的结果，它使国际商品尤其是货币的流通范围大
为扩展。20 世纪 70 年代的另一个标志性事件是美国工业
竞争力的下降（如同之前的英国工业）。贝弗利·西尔弗
和乔万尼·阿里吉（Beverly Silver and Giovanni Arrighi
2000：56）这样描述道："20 世纪 70 年代资本主义深刻的
经济危机第一次反映了美国霸权下的全球资本主义无力兑
现推行全球新政（Global New Deal）[1]的承诺。"这一全
球新政包括了支持南方诸国"发展主义"的承诺。这导致
"延续了 30 年的对劳动力有利（labour-friendly）和对发展
有利（development-friendly）的国际体系的瓦解，而形成
了对资本有利（capital-friendly）的体系"。"有利"是相
对于这之前与之后的情形而言的："在新体系下，资本主
义危机迅速转变为有组织的劳工危机、富有国家福利社会
的危机、共产主义的危机和贫穷国家发展型政府的危机。"

　　"新自由主义全球化"（neoliberal globalization）这一
术语表明，目前这个时代的变迁与动力并不是简单的资
本主义周期性本质与矛盾（即生产过剩、积累过剩以及
对利润率的挤压）影响的结果，它代表了一种特别的思
想与政治计划，即新自由主义，并以此来解决资本的问

题（Harvey 2005，尤其见第三章）。如西尔弗和阿里吉所言，这一计划取代了原先试图构建的"全球新政"这一政治方案。新自由主义计划的核心是促进资本的自由与流动，以及"推开政府"（rolling back the state），尽管在实际中这具有相当的选择性。

首先，这意味着减少或废止工人阶级的权益，这些权益原本都记载在政府的法律条文中，涉及劳动合同、工作时间与条件、最低工资、结社的权利、卫生保健、教育、社会保险以及养老金等。其次，全球资本市场不再受到约束，大量资金在短期利益的驱动下，以前所未有的速度流动。这破坏了政府有效地、自主地继续执行国家宏观经济政策的能力。因此，进行全球市场"竞争"、将公共事业和公共服务私有化等种种新自由主义政策和措施被反复颂扬。这反映了社会生活所有方面的商品化程度在进一步加深。再次，在经济发展方面，新自由主义包括结构调整计划（structural adjustment pro-grams）、经济自由化、私有化，以及强加于南方诸国（以及苏联集团）的"政府改革"（state reform）议程。这意味着国家主导型发展计划的终结。

## 第二个国际食物体制的崩塌

第二个国际食物体制的崩塌与全球化在时期上相吻

合，在推动力量上也相似。崩塌从 20 世纪 70 年代初期开始，因为美国结束了对苏联的粮食禁运，将大量小麦以优惠价格运往苏联，这使得世界粮食市场"突然出现了史无前例的短缺，价格飞速上涨"（Friedmann 1993：40）。这一事件显示了生产过剩的矛盾，因此必须处理掉剩余产品，维持价格稳定的成本也随之攀升，这就影响了第二个国际食物体制的"商业性"方面。欧洲同样出现了生产过剩，因为它效仿了美国的农业支持政策。在一个世纪里，它生产的粮食第一次在和平时期有了剩余（其他产品也出现了大量剩余，如奶产品）。

国际农业贸易的竞争更为激烈，与此紧密相关的是，第二个国际食物体制"商业性"方面的管理面临压力，其"工业性"（生产）方面的地理区域也发生了变化。例如，阿根廷和巴西成为世界上四大大豆生产国中的两个（另外两个是美国和中国）。大豆，一种含油作物，大多被加工成动物饲料，被饲养场用来大规模喂养牲畜。大豆的生产规模不断扩大，从 1990 年到 2005 年间翻了一倍，已经继小麦、水稻和玉米"三大"作物之后，成为"第四大"世界性粮食作物（Weis 2007：17）。大豆的故事表明，跨国农业企业（农业投入和农业产品企业）在全球食物的采购、加工和销售方面的权力、影响力与控制力在不断加强，现在已经超越第二个国际食物体制的"商业性"方面的底线，尽管之前这些企业正是因为国际食物体制的"商业性"而获益。公司成为"主要的（全球）行动者……试图为生产与消费建立起稳定的条件，从而使公司能够对投资、农产品原材料采购与销售进行规划"（Friedmann 1993：52）。实际上，这表明全球食物经济开始由私人（公司）控制和调节，尽管美国和欧盟仍然为农业提供高额补贴。

对于农业利益集团的政治目标来说，冷战的结束与苏联的解体破坏了第二个国际食物体制（以及粮食援助）中大西洋两岸主要国家的战略意图，而生产过剩的问题反复出现，这促使美国在乌拉圭回合（Uruguay round）谈判（1986—1994 年）中将农业贸易提上了关税及贸易总协定（General Agreement on Tariffs and Trade，GATT）的议程。之前，美国总是阻挠关贸总协定对农业贸易进行管理和控制[2]。

## 新自由主义时代的全球农业

第二个国际食物体制崩塌以后，世界农业市场陷入混乱，第三个国际食物体制乘势兴起："多边贸易-公司食物体制"出现了（Friedmann 2004）。"多边贸易"，即前面提到的国际竞争，代替了第二个国际食物体制"商业性"的一面，但其"工业性"的特质仍在延续，只是现在越来越受到农业上游与下游公司的控制。人们仍在试图对第三个国际食物体制进行管制和抵抗。它能否维持与前两个体制同等程度的连贯性和相对稳定性，目前尚无定论，尤其是如今，世界面临石油储备耗尽、气候变化等环境压力。一个惊人的巧合（哪怕是出于不同的原因）就是，粮食价格从2005年开始出现全球性的暴涨，并在2008年臻于顶峰，这与20世纪70年代第二个国际食物体制趋于终结时的情况极为相似。

近几十年来，在关于新自由主义全球化及其对农业的影响方面，出现了一些重要的讨论主题，包括：

（1）贸易自由化，农产品全球贸易模式的转变，以及在世界贸易组织内部和外部有关这些转变的论战；

（2）对农产品期货交易国际市场价格的影响，即"金融化"引发的投机；

（3）遵循新自由主义"财政紧缩"措施（austerity measures）的要求，取消了对南方诸国小农的补贴和其他形式的支持，减少了对大部分南方农业地区的政府支持与援助预算；

（4）从事农业投入和农业食物行业的全球公司通过兼并与收购越来越集中，公司数量虽减少，却更有经济力量去掌控更大的市场份额；

（5）在从耕作到加工制造和批发零售的商品链的每个环节，这些公司都采用了新的组织技术，例如，全球食物供应和销售市场方面的"超市革命"（supermarket revolution），大型超市连锁店最近进入中国、印度和南半球的其他地区；

（6）这些组织技术，再加上公司的经济力量，联合起来影响和控制着农民与消费者的行为和"选择"；

（7）在这些公司的推动下，根据世界贸易组织的《与贸易有关的知识产权协议》（Trade-Related Aspects of Intellectual Property Rights，TRIPs），植物基因材料具有了知识产权，出现了公司"生物剽窃"（biopiracy）的问题；

（8）动植物基因工程的新技术开发［转基因生物（Genetically Modified Organisms，GMOs）］以及专业化的单一种植，导致了生物多样性的丧失；

（9）农业公司在美国和欧洲提供的公共财政补贴支持下，霸占了生产生物燃料（biofuel）的新的利润空间，这影响了供人类消费的全球食物的生产；

（10）对健康的影响，包括"工业化"种植和"工业化"加工的食物中有毒化学成分含量的上升，以垃圾食品、快餐和加工食品为主的饮食结构中营养成分的缺失，肥胖症患者以及由肥胖引发的疾病增多，与此同时，还存在长期的、不断恶化的饥饿和营养不良问题；

（11）上述种种方面带来的环境成本，包括正在进行的食物生产、加工和销售方面的"工业化"过程所产生的能源耗费与碳排放不断攀升，例如，用卡车、轮船和飞机将食物从产地运往销售地的距离不断增加；

（12）上述这些方面带来"可持续性"的问题，或当今全球食物体系的问题：它正沿着上文所提到的轨迹不断增长，不断扩大再生产。

北方和南方国家的民众以及大量的出版物都详细分析和讨论了这些被严重控诉的主题[3]。即便是简单罗列（限于篇幅也只能如此），也能表明它们与本书之前所讲述的内容存在联系，同时也是前面内容的进一步延伸，尤其是：

☐ 在耕作、上游与下游行业方面不同寻常的技术进步（特别是"化学化"）速度；

☐ 农业投入行业、农业食物行业的利润与积累策略（及其对制定公共政策的强大游说能力）如何推动了这一变化；

☐ 北方与南方诸国的耕作和食物消费受到不同程度的影响，那么，农业商品领域内劳动与贸易的国际分工是如何造成这些影响的。

## 发展主义的终结

上面提到新自由主义全球化在南方的一个主要特征是实施贸易自由化、私有化和"推开政府"等政策"改革"议程。这来源于世界银行与国际货币基金组织（International Monetary Fund，IMF）强力推行的结构调整计划。该计划被强加在债务突然猛增的很多国家身上（债务问题是 20 世纪 70 年代以来的另一个重要方面）。也有一些国家主动向自由化靠拢，较为著名的是印度（从 20 世纪 90 年代初期开始）。新的宏观经济政策标志着前期国家主导型发展时代的终结。对农业发展特别是对遵循小农路线的农业发展，政府开支与援助资金都减少了。

我们很难准确概括新自由主义全球化对整个第三世界农业的影响，但是有些趋势还是能看到的。首先，商品关系继续深化，但政府投资、管理和调控的水平在下降，尤其是减少或取消了对小农的直接与间接补贴。安妮特·德马雷（Annette Desmarais 2007：48）认为，"或许这是结构调整对农业的最大危害"，贝洛也强调了这一点（Bello 2009）。在此方面，新自由主义全球化为南方诸国的小农和贫苦农民带来的是负面影响，在很多地区都引起"去农业化"（de-agrarianization）或"去小农化"（de-peasantization）的风潮（见第七、八章）。

其次，如果从国外进口某些商品比国内生产更为廉价，那么在进口自由化的条件下，国家就会被认为在国际市场上"缺乏竞争力"，因此通过工业化、为国内市场生产产品（"进口替代"）等方式追求"国家发展"的道路就走不通。根据貌似真实的"比较优势"
（comparative advantage）理论，"发展主义"的国内市
场导向被出口导向取代，出口导向还得到进一步的推
进。例如：

- 扩大"传统的"出口作物的种植，如咖啡、可可、茶叶、蔗糖、棉花和油棕（在有些情况下是"恢复了"种植）；
- 促进高价值商品的生产，特别是园艺类产品，如新鲜的水果、蔬菜、鲜花和水产品（如大虾），这些产品被空运到北美和欧洲的超市；
- 扩大大豆、蔗糖和粮食的生产规模，其中一部分用于生物燃料的生产，以及扩大部分拉美地区的畜牧业生产。

再次，正如这些例子所表明的，不同地区、不同类型的农民都深化了农产品生产的商品化与专门化：无论是"家庭"农民，还是中等规模和大规模的资本主义农场主，在有些时候还包括农业企业公司。

## 农民的终结？

有人宣布说，"农民"或者小农、家庭农民已经终

结。在两个世纪或更长的时期里，这一话题曾在不同地方和不同时间引起激烈的争论。从实证经验层面来看，这是否发生了？在哪里发生的？程度有多深？从分析层面来看，为什么它发生或没有发生？它是否在不同的地区以不同的程度发生了？从规范层面来看，农民的终结是现代经济发展的必由之路吗？它是好事还是坏事？

很多坚持资本主义或社会主义现代化理念的人，因此也包括很多马克思主义者，认为"消灭农民"（peasant elimination）（Kitching 2001）是必须的。因此对他们来说，尽管这让人痛苦，但是件好事。他们还认为，通往现代性道路上的进步通常伴随着阵痛。新事物的出现蕴含着对旧事物的摧毁，这是马克思分析资本主义发展的中心观点。对这一发展过程中的所有苦难，他已经做了十分生动的描述（他也反对将资本主义之前的社会浪漫化）。

对民粹主义（populism）者而言，"消灭农民"是件坏事。加文·基钦（Gavin Kitching 1982）论述得十分清楚。民粹主义的观点在不断地对大规模的社会阵痛做出回应，这些阵痛标志了现代世界历史中的资本主义发展历程。民粹主义者推崇小生产者（包括手工艺人和农民——"人民"的象征）的内在价值并维护其利益。这是一种反复出现的意识形态与社会运动，它反对资本积累所带来的种种变化。这既出现在资本主义积累的最初中心（西欧、北欧与北美），也出现在因为融入不断扩展的世界经济而遭受资本主义发展影响的其他地区，如19世纪的俄国和今天的南方诸国。特别是，农业民粹主义是要保护小农或家庭农民的再生产，使之不遭受资本主义及其阶级代言人（包括商人、银行、资本主义地主阶级、农业资本家和农业企业）的威胁，以及政府主导的"国家发展"项目的威胁。这些项目是资本主义、国家主义和社会主义的种种变体，其中苏联在20世纪30年代的农业集体化是最有影响力的里程碑式项目。

哈丽雅特·弗里德曼（Harriet Friedmann 2006：462）指出，"目前存在对世界上残存的农业结构的大规模封杀"（建立在之前数波攻击的基础上）。菲利普·麦克迈克尔（Philip McMichael 2006：476）观察到，"公司食物体制"将剥夺农民作为巩固公司农业经营的条件。哈维（Harvey 2005）称之为"剥夺式积累"（accumulation by dispossession）（实际上，这是原始积累的新浪潮）。我们回顾一下第三、四章的讨论，可以提出这样的问题：在当今全球化背景下，生活资料的商品化一直持续并不断深化，那它是否会在农民普遍失去土地、小规模农场大面积倒闭时达到顶点？全球化是否代表了"消灭农民"的世界历史过程达到高潮？时至今日，在资本主义的历史中，"消灭农民"在不同时空下表现得并不平衡，也不完全。

为了考察这些问题，法夏德·阿拉吉（Farshad Araghi

2009）根据下面的历史时期划分提出一个大胆的框架：

1492—1832 年："殖民圈地与英格兰最初的资本原始积累时期"，起止的标志性事件分别为哥伦布到达加勒比海地区以及英国的《济贫法修正案》（*Poor Law Amendment Act*）通过。后者表明，"英国的自由工业资产阶级开始着手摧毁当时尚处于雏形的福利体系"（2009：120），其目的是约束工人阶级。14 年后，《谷物法》被废止，工业资产阶级同样借此展示了自己对抗英国"农业利益集团"的力量（见第五章的前面部分）。

1832—1917 年："资本食物体制"，标志着工业资本主义的兴起，它逐渐占据了统治地位，创造了全球劳动分工。"这一时期，殖民主义与自由主义的全球农业政策在宗主国内部推行去农民化（depeasantization）、无产阶级化与城市化，而在殖民地却实行农民化、农村化和对强迫劳动力的极度剥削措施。"（2009：122）

1917—1975 年：这一时期的起止事件是布尔什维克革命和越南民族解放运动的胜利。这是一个"全球改良主义者放弃古典自由主义"的时代（2009：122），包括发展型国家（developmental state）（苏联是最主要的例子）。

20 世纪 70 年代之后：新自由主义全球化时期。其间，通过"全球圈地"浪潮，"战后的相对去农民化与相对剥夺农民土地，变成了完全的去农民化和完全剥夺农民土地"（2009：133 – 134）。

　　我这里总结了阿拉吉的框架，因为它与本书所采用的历史线条形成了比较，也因为他得出的结论，即"全球的去农民化过程并不完全，也不会自我完成而导致农民消亡。社会阶级不会简单地终结和消逝，他们通过社会斗争存活下来，并不断转型"（2009：138）。这意味着我们不得不审视一些术语的含义，例如，农民、小农或家庭农民，并且要更加深入地探讨他们是否构成了一个社会阶级，以及对此问题的不同回答具有怎样的意义和结果。第七章将再次讨论有关今天的农民或家庭农民在现代资本主义社会生存和延续的问题和观点。第八章将更为深入地讨论农村地区阶级的形成问题。第九章将探索阶级分析的一些复杂性问题，特别是将从阶级关系的经济社会学转到阶级行动的政治社会学。

## 注　释

[1] 这是基于美国 20 世纪 30 年代罗斯福新政（第五章）的类推，即公共投资和规划将在刺激和影响经济增长方面发挥关键作用。

[2] 关税及贸易总协定签订于 1947 年，旨在减少国际贸易壁垒。它在 1994 年被世界贸易组织（World Trade Organization，WTO）取代。

[3] 例如，德马雷（Desmarais 2007）、魏斯（Weis 2007）、帕特

---

尔（Patel 2007）、范德普勒格（van der Ploeg 2008）、阿尔布里坦（Albritton 2009）和贝洛（Bello 2009）的著作。尽管论述得深浅不一，但这些著作都谴责了公司农业，呼吁让"小农道路"成为替代选择（参见第八、九章）。

# | 第七章 |

# 资本主义农业与非资本主义农民？

我已经数次提到资本主义发展的不平衡问题。而资本主义在农业领域的发展尤其不平衡。在本章，我将讨论对此问题的种种解释，特别是小农或家庭农民的存活与延续问题。这些不同的解释通常需要放到特殊的历史条件中去验证，因为随着历史条件发生变化，其解释的力度也会不同，我将对此进行阐述。我们发现，大致有以下三种解释：

- ❑ 资本投资于农业的"障碍"；
- ❑ 资本允许或鼓励小规模农场进行再生产的利益；
- ❑ 小农对剥夺和无产阶级化的抵抗（即第六章结尾处阿拉吉所提到的"社会斗争"）。

# 资本主义农业的"障碍"

## 生产的技术条件：大自然给资本带来的"麻烦"

这些解释中有一派更为直接、更为普遍地指出了相对于其他类型的生产，更能阻碍资本进行农业投资的因素。例如，制造业能够（农业投入和农业食物行业也能够）转化已经从自然中获取的材料，然而，农业只能通过利用自然来改造自然。因此，农耕要面对自然环境和生态过程中的不确定性，还需要应对它们对动植物生长过程的影响。

第二种解释也考虑了农耕特殊的自然条件，重点关注劳动时间与生产时间之间的差异（Mann and Dickinson 1978）。不同于工业生产，农业的生产时间超过劳动时间（农业中的劳动时间指投入到整地、种植、除草等的时间），因为它不得不虑及动植物的自然生长节奏。这意味着资本被"绑定"，在作物收获、饲养的动物可供屠宰之前，无法实现利润。但是，如第六章所示，现代资本主义农业的一个典型倾向就是尽可能使农业吻合工业生产，即尽可能地加快自然生产过程，使之更加简单化和标准化。在农业食物产业尤其是农业投入产业的推动下，农业技术革新的目标就是使动植物的产量更高、更可预测，并且更快成熟。这主要通过一系列措施来作用于土壤（化肥）、杂草（除草剂）和害虫（杀虫剂），气候（灌溉设施和温室），植物特性（基因工程与人工催熟）以及动物生长过程（浓缩饲料、生长激素与基因工程）。

　　在批评现代资本主义农业的人看来，这些革新表明了农业的"工业化"程度更为激烈，这带来更多严重的生态成本，包括由于粮食种植和加工的程序以及许多食物的营养价值下降、毒性增强而引起的健康成本。这里可以举出众多事例中的两个。其一，在过去150年里，作物栽培发生了生态上的变化，即从历史上的"循环的农业生态系统"（第五章）急剧简化成以越来越多地使用化肥和其他化学制品为基础的系统，而且这一过程一直在强化。在前一个系统中，土壤、植物化学、微生物之间进行着复杂的相互作用；而在后一个系统中，土壤成为一个纯粹的媒介，供植物吸收"流向"它们的化学物，植物的生长速度因此加快，数量因此增多，产量也因此得到提高。而这导了土壤贫瘠，使任何作物的生长都需要越来越多的化学物。"化学化"的程度更强了，土壤的毒性也增强了（周边水域同样如此），生长在土壤中的植物和我们的食物的毒性也增大了。

　　另一个例子是"封闭动物饲养法（Confined Animal Feeding Operations，CAFO，亦称集中型动物饲养经营），在尽可能狭小的空间里、尽可能短的时间内，生产出尽可能多的牛肉、猪肉和鸡肉。确实，这也是一种"直流"（flow-through）系统，其中动物的身体成了媒介，用来吸收浓缩饲料和生长激素，还有高级别的抗生素，以预防因为这样密闭饲养而产生的动物疾病。禽类生产可能是工业化农业中最让人触目惊心的例子，因为标准化的鸡"工厂"拥有封闭的、可控的内部环境，而且完全是可以移动的。只要有利可图，任何地方都可以建造鸡"工厂"，这样就可以将资本从土地和地方特定的生产限制条件中"解放"出来，而这些限制条件自古以来都是农业历史的典型特征[1]。

## 生产的社会动力：租金、劳动过程与劳动成本

生产的某些社会动力可能也会为资本主义的农业生产设置障碍。其中一种解释指出，土地租金的负担使农业利润降低，因此，资本会让"家庭"农民去消化这一成本（Djurfeldt 1981），他们也一并承担了农业商品价值的实现具有的滞后性和其他风险。另一种障碍来自劳动过程，即相对于工厂，在农田或果园工作的速度与质量更难监督和控制，因此成本也会更高，这使家庭劳动比雇佣工的劳动更有优势。第三种解释指出，快速工业化和相伴而来的城市化使工资上升，因此，家庭农场比资本主义农场更具有"劳动力价格优势"，这是"农业资

本主义失败"的一个原因，或者说是 1846—1919 年英国、德国、荷兰和美国资本主义农业失败的一个原因。这是耐克·科宁（Niek Koning 1994）的观点。

我们还可以从另一个不同的视角来看上述各种解释。它们可能是说，小规模农场具有竞争力，因为农民能够吸收和承担资本主义农场主所不愿意背负的成本与风险。因此，在有些环境下，小农能够比资本主义农场主提供更为廉价的农产品，而资本投资于农业活动的上游和下游行业更为有利可图。这让我们转向另一套关于资本主义发展在农业领域不平衡问题的解释，即资本让"家庭"农民继续从事农耕活动的利益所在。

## 剥削："家庭农业" 对资本的益处？

如前所述，"家庭"农业在很多方面为资本带来的益处可能就是硬币的一面，另一面是它对资本主义农业的"障碍"。尽管这些"障碍"不是一成不变的，资本也正试图转化它们。我也指出了，认为它对资本有益的观点依赖于一个命题：小规模农场能够与资本主义农场竞争。这里，我想澄清含混不清和复杂之处，说清这些观点是如何形成和应用的，尤其是关系到"家庭"农场使用的劳动力的社会特征，即剥削的问题。

20 世纪 20 年代，伟大的俄罗斯农业经济学家恰亚诺夫（A. V. Chayanov 1888 – 1937）这样写道：

> 在最发达的资本主义国家，如那些北美国家，抵
> 押贷款十分盛行，农场流动资本得到融资，在交通、
> 机械、灌溉等领域投资的资本起到主导作用……这些
> （代表了）资本主义渗入农业的新的途径。这就把农
> 民转变为用其他人的生产资料工作的劳动力，农业则
> 成为一系列大企业手中的一个经济体系，尽管小规模
> 商品生产者明显具有分散和独立的特点。通过这些大
> 企业，农业走进了由金融资本主义最先进的形式所
> 控制的领域。（Chayanov 1966：202）

这是当时一个很著名的论断。请注意，首先，恰亚
诺夫无可辩驳地指出，现代资本主义农业的"经济体
系"超出农业投入与农业食物这些上游和下游行业的范
围，而被"金融资本主义最先进的形式"控制。土地市
场、农产品贸易、投机活动和农民的生产信贷同样如此。
其次，他将明显独立的（家庭）农民视为"小规模商品
生产者"（small commodity producer）［我一般称他们为
"小商品生产者"（petty commodity producer）］。再次，
他暗示，在现代资本主义农业中，这样的农民并不"独
立"，而是属于与资本联系在一起的劳工阶级，即"使
用其他人的生产资料工作的劳动力"。因此，农民被资

本剥削，正如在更广泛意义上，劳动力被资本剥削一样，只是形式不同罢了。只要这对资本有利，受剥削的情况大概就不会改变。

恰亚诺夫假设，我们所谈到的农民是"小规模商品生产者"，农民的农场由家庭（或农户）劳动力耕作，并不雇用劳工。因为农场规模、"家庭农场"的概念以及与农业上游和下游资本的关系等因素，这一假设在理论上和历史上都有其局限性。第一，在恰亚诺夫所处的时代，农场规模在很大程度上是按照农场的大小来衡量的，即家庭劳动力使用可以获得的生产资料而耕种的土地面积。在现代资本主义社会，一个更适当的衡量规模的标准是农场的资本化（capitalization），即建造不同类型的农场所需要的资本［用经济学家的术语来说，它们的"进入成本"（entry costs）］和再生产成本。这显然会对农场规模产生影响。例如，在粮食和油类作物生产中，当机械化可以使更少的工人耕种更多的土地时，农场规模就会更多地受到农场资本化的影响。再如，在园艺类最具生产力的行业中（如新鲜水果和蔬菜、果园和葡萄园，以及鲜花），某些企业的土地面积可能相对较小，但其资本化程度可能很高，劳动也可能非常密集。

第二，"家庭农场"这个概念常常被用来描述各种不同的农场，如为家庭所有的（family-owned）农场、由家庭管理的（family-managed）农场或家庭自己耕作的

（family-worked）农场，这有时会非常具有误导性。一个为家庭所有的农场可能完全是一个资本主义企业，雇用经理和工人来管理与工作。同样，由家庭经营的农场也可能是资本主义企业，雇用工人，或雇用专门的承包商来耕地、播种、喷洒和收割（比如美国很多的粮食农场）。最后是家庭自己耕作的农场，这可能是最具有"家庭"农场意义的农场，也是唯一有可能对农民进行剥削的例子。我将在下文回到这个话题。这里需要指出的是，由家庭自己耕作的农场企业也常常会雇用工人。

第三，如恰亚诺夫所说的北美的那些可能被现代资本主义农业完全整合了的农场，通常都是雇用了工人的资本主义企业。那些农场和农业食物公司签订了供货合同，其中明确规定了他们的"投入、生产过程和产出"（Albritton 2009：82）。从这一方面而言，这些农场与专门生产汽车配件、按合同供应大的汽车制造商的资本主义小企业没什么两样。这些农业企业的所有者，或"农场主"，不可能被与他们签订合同的公司"剥削"，也不可能被借给他们资金的银行剥削（尽管他们总是说他们在遭受剥削！）。相反，他们是在剥削自己的雇佣工人（见第三章）。

恰亚诺夫对于剥削还有一个在"农民研究"中被广泛应用和为人熟知的概念，即"自我剥削"（self-exploitation）。这来自他关于由家庭耕作的农场的论述，即再生产的压力使这些农场在不利的条件下不去计较额外的劳动力成本。资本主义农场主不得不将工资成本纳入支出与利润预期的计算之中，家庭则并不会将自己在农场的劳动力成本计算在内。实际上，"农民"的耕作会比资本主义农场的耕作更为集约，尽管其劳动生产率水平低于后者。同时，他们也常常被迫以更高的价格购买或租种土地，又以更低的价格出售他们的产品，而资本主义农场主并不会这样做。

　　与资本主义农场主相比较，家庭小农能够负担生产与再生产的成本，且愿意接受更低的消费水平（从而形成自我剥削）。这一观点的持有者众多，并非恰亚诺夫首创。该观点在其他一些解释中也起到重要作用，如：小规模农场具有显著的、持续的生命力，或在整个现代资本主义时代，"小农阶段持久存在"。这类解释还包括马克思主义者卡尔·考茨基（Karl Kautsky 1988）在19世纪末的论述。这些学者认为，只要小规模家庭农业或农民能够为资本家继续生产"廉价"的食物，使资本家获得廉价的雇佣劳动力，其实就是农民自己生产出"廉价"劳动力，那么，他们持续的生命力，或"持久存在"，就受到资本的纵容甚至鼓励。这就是说，资本家可以在农民和小农出售自己的劳动力时，支付他们更低的工资。他们的薪水不必达到完全能够支付家庭再生产的水平，这是因为再生产费用的一部分可以通过他们的农耕活动来满足。这在有时候可以被看成是对资本家雇用农村外出劳动力的"补贴"。第四章关于"半无产阶级化"的殖民地情况的描述中对此略有提及，在第八章会有进一步的论述。

在此，我总结一下这些解释：政治经济学的各种观点试图解释为什么资本主义农业的发展并没有大面积地催生出资本主义农场。这些解释中有一个共同的主题：资本主义农业创造了一些方式，并通过这些方式，将小农、家庭农民（或"农民"）纳入或并入自己的市场结构和积累的动力之中，只要这样能为资本带来益处就行。这常常涉及某个论点（尽管并不是必然如此），即农民被资本直接或间接地"剥削"了，不论是南方的"小农"还是北方的农民和农场主。农民在农业生产总值中的份额一直在下降，而在农业投入（及其成本）和加工与销售上的份额不断上升，这分别对农业投入公司和农业食物公司大有益处（Weis 2007：82）。

最后，我们需要看到，南半球某些地区的小农在资本主义渗入农业的过程中，用恰亚诺夫的话来说，被"放过"（by-passed）了，有些情况下在很长的时间内都是如此[2]。一些学者指出，"小农阶级持久存在"，这反映了原始积累是不平衡的，过程是漫长的，即便今天某些地区通过猛烈的"剥夺式积累"手段完成了原始积累（见第六章）。简单一点说，这些过程是偶发的、多变的。其特点是，只要有利于资本，资本主义就会发明出种种方式吸纳小农。但这些变化全都是只有利于资本吗？阿拉吉所说的"社会斗争"又是怎么回事呢？

## 抵抗的作用

很多学者认为，资本主义农业发展不平衡（包括它在南方的殖民时期）是由于小农和农民对商品化、剥夺和无产阶级化的抵抗。这些抵抗体现在种种斗争之中：关于土地、地租、税赋、债务、强迫种植、徭役，以及殖民地当局、独立后的政府以发展之名强加于小农身上的控制——不论这是殖民主义在为有色人种送去"文明"（第四章），还是在进行农业的"现代化"以发展经济（第五章）。这些抵抗有很多故事，规模有大有小，有的被载入史册，有的更为日常。史诗般的大规模抵抗出现在埃里克·沃尔夫（Eric Wolf）的著作——《二十世纪的农民战争》（*Peasant Wars of the Twentieth Century*，1969）中，其中列举了从 20 世纪初到 60 年代墨西哥、俄国、中国、越南、阿尔及利亚和古巴等地的事例[3]。在今天的背景下，这些观点认为，新自由主义全球化对"全球农政抗争"（global agrarian resistance）运动产生了反向运动（counter-movement）（McMichael 2006）[4]。

詹姆斯·C. 斯科特（James C. Scott 1985）的《弱

者的武器》（*Weapons of the Weak*）描述了小规模的抵抗活动，这是关于 20 世纪 70 年代马来西亚一个村庄的研究。斯科特颇具煽动性地指出，在农村当地社会分化的现实条件下，持续不断、日积月累的"农民反抗的日常形式"（everyday forms of peasant resistance）比偶发的、显而易见的冲突与造反事件更能够改善农民的处境[5]。我们需要思考，一方面是一边倒地强调资本的利益，相信它的无所不能；另一方面是一边倒地讲述不同规模的、从史诗般的到日常性的抵抗故事。我们用后者来取代前者，这样做有何裨益吗？

在殖民时代，殖民地当局常常也没有做好准备，去大规模地剥夺农民，特别是在人口密集的农村地区，因为这样做可能会引发社会剧变与动荡不安。相反，如第四章所呈现的，他们采取各种措施，直接或间接、有意或无意地将农民的生活资料商品化。为了实现这些，他们将当地传统的等级制度——"古老的（前殖民时代的）权力结构"（Bagchi 2009：87），如拉美的印第安人酋长（*caciques*）、北印度的柴明达尔（*Zamindars*）和撒哈拉以南非洲地区的"部落"首领——改造或整合进他们的农村管理体系之中，包括对土地的控制（Mamdani 1996）。在印度和非洲，殖民地政府有时也尽量鼓励"自耕农"的发展，这是一个从农民群体中分化出来的小资产阶级农场主。

事实上，殖民本身及其对当地农民的影响，常常受到自身矛盾的形塑与制约。例如，米凯尔·考恩和罗伯特·申顿（Michael Cowen and Robert Shenton 1991a，1991b）认为，非洲的英国殖民者希望能够在不发生社会和政治分裂的情况下促进经济发展。这意味着将非洲殖民地人民逐步纳入商品的生产与消费过程之中，作为资产阶级文明的物质基础，同时又通过"传统"手段维护社会秩序，即加强农村的"社区性"、"部落"的认同以及家长和首领的威权。因此，非洲人民不能立刻享受到资产阶级的权利，比如土地私有和银行贷款。在考恩和申顿看来，这阻碍了资本主义更为完全的发展，而非洲人民本来是可以从中获得更多益处的。

最后，一些殖民地的农民，他们自己主动走上了专门化商品生产的道路。本书第四章引用了波莉·希尔对加纳南部可可种植园移民的研究（Polly Hill 1963）。它为我们提供了一个著名的自我转型的事例，即农民从"维持生计"的小农转变为商品生产者。而且，希尔也非常清楚地指出，随着时间的推移，其中更为成功的一部分生产者转变成了资本主义农场主。更一般而言，许多农民并没有简单地成为被动的受害者，也没有变成反抗殖民压迫的积极分子，而是试图成功地应对向商品生产（生活资料商品化）的转变。他们在或有利或不利的环境中，动员了或多或少的土地与劳动力资源，并取得了或巨大或微小的成功。在摆脱殖民统治、国家独立以后，农民对于被迫接受的"国家发展"计划也有类似的反应。

政治独立后，"发展主义"的时代来临。国家有意采取了一些战略，以推动小农沿着现代化和进一步商品化的道路前进。第五章已经提到其中的一些政策。这里，我简单考察一下在第六章提到的另一项重要政策（也是饱受争议的政策），即土地再分配改革。这对本章的分析性部分是一个小结，也和下一章的分析紧密相连。

## 土地改革的案例

土地改革标志了18世纪晚期的法国大革命以后现代历史的一些重要时期。土地权属的再分配具有千差万别的形式，包括：

❑ 没收大农场主和大地主的土地，分给小农；
❑ 将小农已经在耕种的土地划归其所有，将他们从地主的威权与地租的压榨中解放出来，赋予他们更可靠的土地权属制度；
❑ 将大型商业农场与种植园国有化或社会化；
❑ 苏联、中国、越南和古巴的国有农场与公社的去集体化（decollectivization）。

　　这些土地改革通常是政治过程，尽管常常也有经济学上的解释，并产生了社会经济影响。前两类土地改革关系到一个影响深远的口号——"耕者有其田"（land to the tiller）。它在"自下而上"和"自上而下"的土地改革中均起到重要的作用。在自下而上的土地改革中，农民采取的反贫穷和反饥饿、反社会不公和反压迫的政治行动发挥了重要作用。从 1900 年到 20 世纪 70 年代，这些行动逐渐变得更为猛烈，如 20 世纪第一个 10 年中的墨西哥和俄国，两次世界大战期间的南欧、东欧和中国（中国的土地革命延续到 20 世纪 40—50 年代），50 年代战后的玻利维亚，50 年代和 60 年代的越南和阿尔及利亚，60 年代的秘鲁，还有 70、80 年代的莫桑比克和尼加拉瓜。当这些行动与反殖民和反帝国主义的斗争相结合时，对大地主阶级及其社会权力的反抗尤为激烈。

　　在有些情况下，战后自上而下的土地改革是在回应"农民战争"和社会革命所带来的社会剧变的"威胁"，如 20 世纪 40—50 年代美国军事占领下的意大利、日本和韩国，20 世纪 60 年代古巴革命后拉美地区在美国领导下的争取进步联盟（Alliance for Progress）等。另外，20 世纪 50—70 年代不同的现代民族主义体制也引发了自上而下的土地改革，比如尼赫鲁（Nehru）统治下独立后的印度，纳赛尔（Nasser）统治下的埃及，还有最后一个伊朗王统治下的伊朗。

20 世纪 70 年代以后，自上而下的土地改革基本上从农业与发展政策的议程中消失了，但在 90 年代又涂脂抹粉，作为以市场为基础的改革，重新回到议程之中。它现在遵循的是所谓的"自愿购买、自愿出售"（willing seller，willing buyer）原则。这就是国际农业发展基金（International Fund for Agricultural Development，IFAD）所说的，"之前的土地改革是不正当的没收，是中央集权式的或自上而下的。'新一轮'的土地改革则是分权的、亲善市场的（market-friendly），社会组织能够参与其中或达成共识。在有些时候与公正、持久的土地产权相一致，而且切实可行"（IFAD 2001：75，强调部分为作者所加）。

自上而下的土地改革符合经济学的原理，即如果小农拥有可靠的产权，那么在权利的刺激下，生产率会提高，而大块土地所有者会将土地闲置，用于投机，或者征收地租却又不将地租再投资于农业生产。因此，自上而下的土地改革的目的并不是瓜分经营成功的资本主义农场，并不是因为它们代表了农业现代化。在 20 世纪 60 年代爱德华多·弗雷（Eduardo Frei）的基督教民主党领导下的智利政府中，一位土地改革部部长就这样说道：

新出现的（土地改革）受益农民当中，一部分人可能并不能成为企业家……我们有必要谨慎地反对受益人与土地之间过于僵化的制度联系，这样，以后才可能发生自然选择，淘汰掉那些不能成为企业家的人。（Chonchol 1970：160，强调部分为作者所加）

如琼乔尔（Chonchol）所建议的，一些"现代化"的土地改革已经加快资本主义在农业领域的发展步伐，而很多时候农村地区最贫穷的农民获得的土地比富有"农民"和初生的资本主义农场主少得多。印度、埃及、伊朗和大部分拉美地区都是如此，特别是对于女性农民和农业雇工而言，他们的土地所有权一般是最不牢靠的。在写于 20 世纪 60 年代关于印度的权威著作中，瑞典经济学家冈纳·缪尔达尔（Gunnar Myrdal）指出，印度独立后的土地改革"巩固了农村上层阶级的政治、社会和经济地位，而当时的政府十分依赖于他们的支持"（1968：1387）。历史学家戴维·洛（David Low 1996：25）引用了缪尔达尔的话，认为这一观点也适用于伊朗、埃及等亚非大部分地区。

## 小 结

对土地改革的简要的、有选择性的回顾，对本章所讨论的议题有什么补充呢？

第一，它提供了更多的事例，说明政治动力对资本主义社会中小规模农业的"持久存在"有多么重要。

第二，它澄清了自上而下的土地改革的经济学原理，即将小农打造成为能够自我生存的商品生产者，或用琼·乔尔的话来说，成为"企业家"。这些生产者具有竞争力，能在市场上立足。这和下一章的一个重要主题密切相关。

第三，关于谁从不同类型的土地改革中获益的问题，与第八章中将要提出的农民群体中的阶级形成有密切关联。

## 注　释

[1] 巴西、泰国和中国在世界禽类产品贸易中的份额从 1995 年的 23% 上升到 2003 年的 46%，整整翻了一倍（Burch 2003）。

[2] 这并不意味着他们被商品关系"放过"，我将在第八章解释这一点。

[3] 巴林顿·摩尔（Barrington Moore Jr. 1966）在其独创性著作中，以 17 世纪的英国、18 世纪的法国、19 世纪的美国（美国内战，还有之后"最后一次资产阶级革命"——废除奴隶制度），以及19—20 世纪的中国、日本和印度（唯一的殖民地例证）为例，比较了农民与地

主之间的阶级斗争在国家形成过程中发挥的作用。

[4] 对毫无节制的资本主义发展的"反向运动"（counter-movements），这一概念来自卡尔·波兰尼（Karl Polanyi 1957）的知名著作。

[5] 因此，斯科特（Scott 2005）也怀疑有关当今"全球农政抗争"的断言，见第九章。

# | 第八章 |
# 农村的阶级形成

很多人认为或假定南方的"家庭农民"（"小农"）是一个社会"阶级"，真是如此吗？还是说这个"阶级"也包括北方的家庭农民？这一观点最普遍的基础是，这些农民代表了从事简单再生产（"维持生计"）的家庭劳动型的企业活动，他们拥有很多共同的价值和美德（见第一章）。那些"站在农民一边"的人一般强调他们渴望拥有自主性（autonomy）：按照他们所珍视的方式耕作，这些方式有助于社会平等，而且是环境友好的（包括重建地方性的食物经济体系）。因此，他们反对当今全球化对农业的无情挤压[1]。

我们能否根据某种愿望或某套价值来识别一个阶级呢？这样做是否有意义？根据本书介绍的政治经济学分析，阶级是基于生产的社会关系。因此，任何阶级只能通过与其他阶级的关系才能被识别出来。对有些农业民粹主义者而言（见第六章），"家庭农民"也可以因为他们与资本的关系而被看作一个阶级。从某种意义上说，他们被资本"剥削"。第七章指出，资本家在农耕中对家庭劳动力（family labour）［有别于雇佣劳动力（wage labour）］的剥削可能具有一些意义：家庭劳动力"用其他人的生产资料劳动"，或者进行自我剥削，后者代表了资本对家庭劳动力的一种间接剥削或至少是有益于资本的一种剥削形式[2]。

有些学者将南方的家庭农民视为一个阶级，他们曾经在殖民时期和发展主义时期遭受资本与国家的剥削，为积累做出重要的贡献（第五章），现在还正遭受着剥夺，或用阿拉吉的话来说，面临"全球的去农民化"过程（第六章）。剥夺或边缘化意味着可供"剥削"的小农数量在减少，这也可能是因为资本（或资本主义农业）不再需要他们。

家庭农民是否真的构成一个单独的、被剥削的"阶级"，还是他们自我分化成了多个阶级？这是本章要考察的内容。首先分析商品化、小商品生产和分化之间的关系与动力，然后分析资本主义社会劳工阶级之间的关系与动力。所有这些概念都提到过，这里将它们综合起来深入探讨。每一步讨论都会更加复杂。我也会进一步从理论上探讨真实世界中形成这种复杂性的"决定因素"。

# "家庭农业"的阶级动力

## 商品化

商品化是一个过程，在此过程中，生产与社会再生产的要素来自市场交换，并为了市场交换而生产，同时受到市场交换原则和强制力的制约。在资本主义社会，这一过程的前提是历史上出现并形成了资本与雇佣劳工之间的基本社会关系。资本主义的主要趋势（即普遍的商品生产）并不意味着社会现实中所有要素都必然而且全面地被商品化。相反，它意味着生活资料的商品化，即人们无法在商品关系与其强加的原则之外进行再生产（即马克思的"经济力量的无声强制"）。

当然，小规模农业的商品化过程展现了极大的多样性。尽管对马克思和很多其他人如卡尔·波兰尼（Karl Polanyi 1957）等来说，英国原始积累的关键事件是圈占土地并将之转化为私产（见第三章），但生产与再生产要素的商品化可能有其他顺序。例如，殖民时代有这样一种商品化的顺序：首先是作物的商品化（特别是在"强制商品化"以后），然后是一些消费资料，接下来是农具和其他劳动工具，再接下来是劳动力本身（作为商品劳动力），只有到最后才是土地（劳动对象）的商品化。在南方一些农村地区，法律上规定的、强制的私有土地产权遭到抵制、饱受争议，至今还没有有效地建立起来。但这并不是农业中商品关系发展的障碍，因为在"地方市场"（vernacular markets），土地即便在法律上（de jure）还不是私产，但在实际上（de facto）已经成为私产。确实，在农业小商品生产（或者也并非很小）有活力的地区，一个典型的现象就是存在活跃的地方土地市场（Chimhowu and Woodhouse 2006）。

## 小商品生产

资本主义社会的小商品生产将资本和劳工阶级的"地位"（place）或位置联系了起来：在农耕中，资本的形式是土地、工具、种子、肥料和其他化学制品；劳动力的形式是家庭或农户。出于种种原因，资本主义社会的小商品生产是多个阶级地位的"矛盾统一体"（contradictory unity）。首先，在农民家庭中，阶级地位（class places）并不是平均分配的，特别是考虑到财产、劳动、收入和支出等方面的性别分工，参见第一章坦桑尼亚的故事片段。其次，生产资料（资本）的再生产和生产者（劳动力）的再生产之间存在矛盾。按第二章的说法，这关系到收入（包括借款）在重置储备与租用储备之间的分配，也关系到它在消费储备与代际再生产储备之间的分配——后一种分配常常与性别有很强的关系。再次，阶级地位的矛盾混合是小商品企业进行分化的源泉，下文将马上谈到这一点。

以上观点不同于一个具有误导性的、日渐式微的假设，即南方的小农是仅能"维持生计"的种植者，他们的首要目标是通过自己的农业活动来满足食物需求。除了实现这一目标外，任何与市场有关的活动都是随意决定的，只是一个选择的问题，我称之为"生计+"模型（"subsistence plus" model）。我认为，一旦农民家庭被资本主义的商品关系整合，他们就不得不服从商品化的动力与强制力，这已经内化在他们的社会关系与实践之中。如果他们种田只是为了自己的消费，那也是因为他们已经通过其他方式被纳入商品关系之中，如通过出卖他们的劳动力。在这种情况下，"养家糊口"的农业生产再加上工资收入是很平常的事情。当土地上的产出不足以满足全家的生计所需时，薪水也常常被用来购买食物，不管这种情形是每年都如此，还是只在灾年。实际上，这就改变了"生计+"模型：小农能够在多大程度上用自己的农业产出来满足自己的食物需求，取决于他们所受商品关系整合方式的影响。

## 阶级分化

我在第四章指出，在20世纪40年代和50年代后期，殖民时代先后在亚洲和非洲宣告终结，在拉丁美洲则更早一些。但是，此时的小农或农民却被"经济力量的无声强制""锁入"商品生产之中：生活资料的商品化。一旦这成为定局，阶级分化的趋势就会出现，列宁将之界定为富农、中农和贫农（Lenin 1964a）。

❑ 能够积累生产性资产，并在更大规模上再生产为资本，并进行扩大再生产，这是新兴的资本主义农民，对应列宁所说的"富农"（rich peasants）；

❑ 能够在原有生产规模上再生产为资本，并在同样的消费规模上再生产为（代际的）劳动力——马克思称之为简单再生产（simple reproduction），这是中等程度的农民，对应列宁所说的"中农"（middle peasants）；

❑ 通过自己的农业活动，努力再生产为资本和劳动力，不得不遭受我所说的简单再生产的挤压（simple reproduction squeeze），这是贫穷的农民，对应列宁所说的"贫农"（poor peasants）。

新兴的资本主义农场主倾向于雇用工人，用来补充（或替代）家庭劳动力。贫农经历着最为痛苦的矛盾：再生产为资本和劳动力。他们可能将自己的消费降到极低的水平，以保住一小块土地或一头奶牛，以购买种子或偿还债务。如恰亚诺夫（Chayanov 1991：40）所指出的，"在为谋生进行的最惨烈的经济奋斗过程中，那些最懂得如何忍饥挨饿的（小农）是适应得最好的农民"。

学者对于中农特别是那些相对稳定的小商品生产者，具有特别的兴趣。这尤其是因为他们符合农业民粹主义者的心意（第七章），也贴近一些殖民当局"自耕农"的理想。这在有些时候反映了一个预设，即"中农"的情况在资本主义社会之前是农村社区的常态。从相当浪漫的角度而言，这在本质上是平等主义。因此，贫农和富农被看成是一个不幸的背离，一种堕落，而这是由农民社区之外的恶意力量引起的。

这里所提出的理论框架可以从另外一个视角看问题，即中农也是由于阶级分化（class differentiation）而产生的。商品化过程提高了"进入"成本（第七章）以及农业资本的再生产成本，并带来了与高成本有关的风险。这增加了对土地和耕种土地劳动力的争夺。因此，即便是"中等程度"的家庭农民，他们的生产经营也是建立在损害其更为贫穷的邻居的利益基础上的。这些邻居无力负担这些成本，也承担不了那些风险，因此，他们输给了不怕那些成本与风险的农民。这样，贫穷农民就可能会被挤出农业领域，或者如果得到贷款，他们就会负债累累，只能从事一点边缘农业活动（见第一章的定义）。

印度的绿色革命为我们了解这一方面的分化提供了线索。绿色革命承诺说，投入成本高的生物化学技术包

"与规模无关"（scale neutral），这意味着任何大小的农场都能够采用这些技术并从中获益；也就是说，这不同于机械化，因为机械化需要一定的经济规模。但是，某一特定技术的属性——"与规模无关"，并不等于"与资源无关"（resource neutral），这是一个关系到"谁拥有什么"的社会属性。为此，我们需要考虑关于分化及其影响的问题。约翰·哈里斯（John Harriss 1987：321）研究了印度农民采用绿色革命技术包的问题。他指出，"关键在于，那些拥有更多资源的农民能够更好地应对这些资金密集型技术带来的风险"[3]。

边缘农民（marginal farmers），或者是那些"穷得无力耕田"（too poor to farm）的农民，可能并不缺少土地，但是缺少下列一种或多种条件，无法通过农业再生产：

- ❑ 足够多、足够好的土地；
- ❑ 购买必要的生产资料的能力，例如工具和种子；
- ❑ 调动足够多劳动力的能力，通常由于性别关系，女性农民难以调动男性劳动力。

作为小商品生产者，农民的阶级分化也涉及其他因素和复杂性。例如，农业的小商品生产的关键条件是农村劳动力市场，但是，我们常常忽略哪怕是"小"农也会雇用工人的事实。例如，在当代欧洲，托比·雪莱

(Toby Shelley 2007：1）注意到，"法国以国内自给自足
的农民为自豪，但如果没有来自摩洛哥的雇佣工人，这
些小农就要挣扎求生了"[4]。马克·埃德尔曼（Marc
Edelman）对 20 世纪 80 年代哥斯达黎加的农村情况做了
很好的研究。他指出，"农民"雇用了工人（peons），小
农还抱怨自己缺乏雇用工人需要的现金，尽管他们并没
有说出这些雇工是谁，或来自农村阶级结构的哪一个部
分（Edelman 1999：122，123，167）。

　　另外一个一般性的主题，或更大范围内的假设是，
农民的实践、财富和前景越来越受到农场之外的活动以
及这些活动所带来的收入的影响。这些收入为他们提供
了消费储备（农民得以再生产为劳动力）和投资资金
（再生产为资本）。弗兰克·埃利斯（Frank Ellis）指出，
"毫无疑问，非农业收入（non-farm income）的来源对于
描述发展中国家农户的生活水平十分重要"（Ellis 1998：
10）。这样的农村"生计多样化"（livelihood diversifica-
tion）与阶级分化的倾向密切相关。根据不同情况，它
可能加速也可能阻止阶级的分化。

　　新兴资本主义农民除了农耕以外，常常投资于其他
活动，如粮食贸易和加工、农村零售业和运输、放贷、
出租役畜和拖拉机或者出售灌溉用水。他们也投资于城
市活动，如花钱教育儿子，为女儿找一个好伴侣，和政
府官员结盟，或更普遍而言，参与政治活动，获得影响

力。简言之，他们进行的是"多样化积累"（diversification for accumulation）（Hart 1994）。

中等规模的农民特别依赖于农业与非农活动（off-farm activities）的结合，包括外出务工，这是支持农业再生产的收入来源，特别是当再生产的成本上升时。如前面所指出的，他们也依赖于自己雇用劳工的能力。这些雇佣劳工一般是无地劳工或边缘农民（常常也是外来人）。雇佣劳工可能被用来替代那些从事其他非农活动的家庭劳动力，或者在农忙时期作为家庭劳动力的补充，如在除草和收割季节。

贫穷或边缘农民从事"维持活着"（survival）的活动，实现自我再生产的主要途径就是出卖自己的劳动力。现在，尽管姗姗来迟，但一些组织，如国际农业发展基金、世界银行还是认识到了这一点。国际农业发展基金的《2001 年度农村贫困报告》指出，农村穷人"主要靠出卖劳动力为生"（IFAD 2001：230）。表 8 - 1 改编自《2008 年世界发展报告》（World Bank 2007：205）。

表 8 - 1 显示，只有在撒哈拉以南非洲地区，将耕种土地作为主要经济活动的农村成年人口的比例超过半数。但是，撒哈拉以南非洲地区也有非常明显的"去农业化"或"去农民化"趋势（Bryceson 1999），体现在非农业渠道的收入比例不断攀升方面。而且，近数十年来撒哈拉以南非洲地区的大部分国家遭受了普遍的经济危

机，这为再生产带来额外的压力，农民不得不在很长时期内既从事农业活动，又外出务工。按科德尔等人（Cordell et al. 1996）的话来说，就是"锄头＋薪水"。这是因为在大部分地区，由于新自由主义全球化的影响（第六章），大部分农业家庭的压力加大，而与此同时，城市的就业机会减少（包括"非正式"就业和自我雇用），这原本是可以为农村的农耕活动提供支持的源泉。

表8－1　以农耕为主要经济活动的农村成年人口比例

单位：%

| 地　区 | 男 | 女 |
|---|---|---|
| 撒哈拉以南非洲地区 | 56.6 | 53.5 |
| 南亚 | 33.1 | 12.7 |
| 东亚和太平洋沿岸地区（不含中国） | 46.8 | 38.4 |
| 中东和北非 | 24.6 | 38.6 |
| 欧洲和中亚 | 8.5 | 6.9 |
| 拉丁美洲和加勒比海地区 | 38.4 | 22.8 |

还有一个因素使阶级形成的情况变得复杂，即南方小规模农业面临的不稳定情况使农业家庭再生产的压力沉重不堪。中农常常被推向贫农的行列，因为他们面对"打击"（shocks）时较为脆弱。这些"打击"诸如干旱、洪水以及他们需要购买和能够出售的产品之间的交易条件不断恶化——这就是典型的对"简单再生产的挤压"。当从农田中获得的收入减少时，他们能购买的"投入"、

食物和劳动力都随之减少。他们挣得少了是因为收成少了——由于恶劣的天气、作物病虫害、缺少足够的化肥或劳动力——或者因为他们出售的商品价格下降了，或者因为他们不得不还债。单户家庭应对"打击"的脆弱性也体现在不确定性方面，例如，家庭主要成员[5]或者值钱的大牲口患病或死去，任何其中之一发生，家庭都会从"过得去"沦为"破产"。

## 分化的差异

20 世纪中期，南半球的小农被"锁入"商品关系之中。从阶级意义上而言，他们也广泛地分化开来，尽管这种分化并不平衡。分化的程度在某些地区由于殖民主义的掠夺而受到抑制，例如，受"寄生地主制"（parasitic landlordism）影响的殖民时期的印度（第四章），还有放债人和商人牢牢控制农村经济的地区。但是，商品化的过程中多多少少都出现了分化，而且这种分化有时受到殖民农业政策的推动。第七章也引用了洛（Low 1996）的研究结论，他指出，亚非地区结束殖民时代获得独立后，当地根深蒂固的富有农民阶级是农村地区占统治地位的社会力量，而且，其影响力已然超出农村的范围。

小规模农业的商品化形式多种多样，分化的模式同样呈现多种变体。从理论上而言，可以通过小商品生产中阶级地位的矛盾统一来辨别分化的趋势。但是，阶级分化不会也不可能在全部地区都表现出单一的走向、机制、节奏或形式。这是因为，在趋势、特定的具体环境与当地动力之间，存在"诸多决定因素"（马克思）。我已经指出其中一些貌似矛盾的决定因素，例如，对中等规模的农民而言，非农收入和雇用劳工对他们的再生产具有重要的作用，而这破坏了他们作为"独立的"家庭农民、"中农"和坚定的自耕农的理想化形象。同样，穷人出卖劳动力能够帮助他们留住一块土地，不管他们如何被边缘化。他们常常为此做出巨大的牺牲，因为在他们面临的"为谋生而进行的经济奋斗"（Chaynaov）中，土地代表了安全，是文化价值与身份的象征，或许还代表了希望。

在不同的环境中，也会有一些因素限制富农扩大自己的农场。哈里斯（Harriss 1987）研究了印度东南部的一个小村庄，那里村民耕种的平均土地面积是每户 1.2 公顷，他们在水浇地上种植水稻，还种植花生。农户之间存在不平等，但就土地分配和农场规模而言，差距并没有扩大，因为在这片人口稠密、耕作密集的地区，人们抵制富农获得更多的土地，而且存在将家庭的土地分给多个儿子的传统。富有的农民转而从事大米交易，这比扩大农场规模更为可行，利润也更高。

相反，20 世纪 80 年代的乌干达北部地区存在完全不同的情况。当地一位资本家告诉马哈茂德·马姆达尼

（Mahmood Mamdani 1987：208），"1980年的大饥荒让
我们（积累了）更多。人们无以果腹，很多东西（包括
土地和耕牛）贱卖给了我们。就是在那个时候，我们开
始大量买入"。事实上，在资本主义社会，一些人的危
机常常是另外一些人的机会，这种动力贯穿于农村地区
复杂而多变的阶级形成过程。

## 劳工阶级

提奥多·沙宁（Teodor Shanin 1986：19）在恰亚诺
夫的主要作品发表60年后考察了他的思想。他注意到，
"农村社会和农村问题在自身的范围内不再能够解释得
通，我们必须从劳动力与资本流动的角度考察比农业更
广的范围"。其中一个维度与资本有关，我们可以称之
为农场之外的农业（agriculture beyond the farm）。我们在
第五章从经济与政治方面考察了现代资本主义社会中农
耕与"农业部门"的分野。农业部门包括"农村之外的
农业资本"，即投资于土地与农业的城市商人（包括政
客、公务员、军官和富有白领）及公司型农业食物资本。

以上对商品化、小商品生产的阶级基础以及"家
庭"农民阶级分化的概述，突出强调了另一个维度，即
劳动力。我们称之为农场之外的农村劳动力。他们可能
是完全"无产阶级化"的农村工人，失去了土地，无法

在自己的土地上耕种；也可能是边缘农民，或穷得无法将种地作为生计与再生产主要来源的农民。对于这两种类型的劳动力，他们的社会边界特别容易变动。这些人可能在本地邻居（资本家与小商品生产者）的农场做工，或者季节性地到更远的资本主义农场或小商品生产发展完善的地区做工，有时去本国的其他地区做工，有时去其他国家做工。杨·布雷曼（Jan Breman 1996）所说的"自由劳工"（footloose labour）在今天的南方农村地区是一个普遍的社会生活现实。这表明他们从事农业的方式被阶级动力和分化所左右。

我这里所说的"劳工阶级"（classes of labour）包括"越来越多的直接和间接依靠出卖劳动力维持自身日常再生产的人"（Panitch and Leys 2001：ix，强调部分为作者所加）。他们不得不在收入越来越不可靠、"贫穷化"、就业没有保障的情况下进行再生产，而且其中一部分人还面临着新自由主义的压力。因为，在南方的大部分地区，劳工阶级中一部分拿"标准"薪金的工人所享受的社会服务因为新自由主义的侵蚀而逐渐减少，他们的人数比例下降，有些时候总数也在减少[6]。对日益增多的、迈克·戴维斯（Mike Davis）所说的"全球非正式工人阶级"而言，再生产的压力带来的后果更为严重，他们有"大约10亿人，是地球上增长速度最快、史无前例的、最大的社会阶级"（Davis 2006：178）。

戴维斯这里说的是城市工人，但也需要考虑，南方的贫穷农民是不是"全球非正式工人阶级"的一部分。他们可能并没有被剥夺全部的再生产资料，这让我们记起列宁的告诫，不要"过于僵化地理解资本主义需要自由的无地工人这一命题"（Lenin 1964a：181）。但是，他们大部分人并没有足够的再生产资料，这表明他们作为小商品生产者生存下来的能力有限。

南方的贫穷劳工为了再生产，不得不从事不安全、受压迫的雇佣工作，而且这样的工作越来越少。他们（或者）还从事同样不稳定的小规模"非正式经济"（informal economy）活动来养家糊口，包括从事边缘农业活动。实际上，为了维持生计，出现了雇佣工作和自我雇用的多种复杂的组合[7]。而且，很多人为获得再生产资料，跨越了劳动分工的不同场所：城市和农村、农业和非农业、雇佣工作和边缘化的自我雇用。这些贫穷劳工所具有的社会地位与身份常常混合在一起，而且来回转换，这使它们的边界更加多变。这就挑战了那些传统的、固定不变的、统一的诸如"工人"、"农民"、"小商贩"、"城市"、"农村"、"雇用"和"自我雇用"等概念。

在劳动力市场以及雇佣工作和其他活动中的相对成功或失败，对于农业小商品生产的存活力（再生产）至关重要。但存活力并不是在那些种田或对农业有兴趣也有权使用土地的人之间平均分配的。它影响了劳工阶级中既从事农业和其他"非正式经济"中的自我雇用，也从事一般雇佣工作的那部分人。作为从事小规模农业生产的农民和非农劳工，他们所生活的社会世界，是一个"无情的资本主义社会的缩影"（Davis 2006：181）。

# 小 结

出于分析的目的，更宽泛地考虑资本还是有用处的。我已经数次使用"资本"的抽象意义，例如，资本的利益或动力。但资本还可以这样来区分：

- 活动和部门：农业与工业，金融业与商业；
- 范围：从家庭到"小商业"，包括从农业的小商品生产者到全球性企业；
- 资产阶级：辨别的标准主要看在特定活动和部门中的利益与策略，范围可以从地方到区域，从全国到跨国。

本章已经说明，也试图进一步解释南方农村地区资产阶级和劳工阶级的多样性，还试图解释这种多样性如何受到农村、农耕和农业以外因素（"决定因素"）的影响。资本的不同形式与阶级可以表现为公司型农业企业、

"富农"、将穷困邻居的土地与牲畜全部买下的村庄资产阶级，以及从事多种经营（粮食贸易）的人。面对这样的多样性以及产生这些多样性的矛盾与斗争，我们很难坚持认为农民的任何一个概念——无论是将其描述为"农民""家庭农民"，还是"小农"——是一个单一的阶级，而且是通过与资本某种共同的社会关系形成的阶级。在最后一章，我将继续讨论本章的一些观点，并考察政治实践与政治过程的复杂性：阶级的政治社会学。

## 注　释

[1] 范德普勒格（van der Ploeg 2008）将这些采取替代耕作方式的先锋农民称为"新小农阶级"（the new peasantries）。

[2] 一个常常与之相关但又不同的论断是，"土地上的人民"（the people of the land）包括每个地方的所有"小"农，他们能够通过共同的政治行动联合起来，形成一个阶级，或者获得类似"阶级"的特质。这是下一章考察的内容。

[3] 他们也能够更容易、以更优惠的条件获得这些高产技术。

[4] "自给自足的小农农业"似乎是对今天法国农业的一个奇怪描述。雪莱（Shelley）所指的是一个特别的国家主义和民粹主义的神话。在此神话中，雇佣劳工特别是外来的移民劳工，从他们的视野中消失了。

[5] 南半球地区广泛存在的艾滋病给农村人口的健康问题增

加了风险，特别是在非洲的部分地区。

[6] 他们的薪水还要养活在农村和城市的其他亲属。

[7] "自我雇用"（self-employment）的概念存在很大的问题，常常也被误用来指那些"易被人识破伪装的雇佣工人"（Harriss-White and Gooptu 2000：96）。

# | 第九章 |
# 阶级的复杂性

## 经济社会学与政治社会学

第八章所强调的阶级分析的复杂性与阶级分化的具体，变体可以被视为阶级的"经济社会学"的内容，包括在不同程度上的生产与劳动力体制的种种形式、劳动分工、外出务工、城乡的分割与联系、资本与市场的组织形式，以及政府的政策、实践与影响。第八章还指出，小农和劳工阶级彼此交叉，而且在构成和特点上具有高度的异质性，尤其是因为"自我雇用"与雇佣工作之间极富变化的组合形式。将列宁（Lennin 1964a：33）的话变换一下措辞，即这样或那样形式的劳动力组合可以无穷无尽。

这种异质性的基础，就是最普遍的、至此还只是隐约提到的复杂性。如哲学家艾蒂安·巴利巴尔（Etienne Balibar）所言，在资本主义世界，阶级关系是"一个决定性的结构，包含所有社会实践，尽管它不是唯一的结构"（转引自 Therborn 2007：88，强调部分为引文所有）。总之，阶级关系在资本主义社会实践中无所不在，但它也不是唯一的"决定性因素"。阶级关系与其他种种社会差异（social differences）和社会分隔（social divisions）彼此交叉，相互结合，其中性别是最广泛的一种，还包括人种、种族、宗教与种姓制度等压迫性和排他性的社会关系。

这些社会差异与社会分隔并非必然起源于资本主义社会，它们也并非必然可以用"资本的利益"来解释和说明。我们应该认识到下面两者之间存在重要的差异：一是认为资本主义世界中的一切都服务于"资本的利益"（一种"功能主义"解释）；二是探讨资本主义社会关系的矛盾与动力如何生产所存在的一切（包括它们如何重塑早于资本主义社会存在的习惯与信仰）。资本主义社会关系的矛盾与动力还包括：其一，资本主义独特的积累方式与资产阶级的政治统治策略带来的未能预期的结果（unintended consequences）；其二，劳工阶级进行再生产的努力以及对资本统治"反向运动"的挑战。

　　我们将从阶级关系与阶级动力的经济社会学，转到关于阶级认同与阶级意识的主题，然后再分析集体政治行动，其中包含一系列影响政治能动性的深层因素与决定性因素。首先，我们必须强调，资本的经济权力与社会权力植根于产权体系和商品关系之中，它们必须通过政治与意识形态的统治，并普遍地（也不是只可以）通过政府践行这些统治才能得到保障。我们不应该假定，通过简单的联合以及工具性的目的，就可以实现资本的统治。资本在寻求自身作为道德秩序在意识形态中的合法性，这一过程并不必然存在连贯性，它的政治策略与政治实践同样如此。为了追求利润和积累，为了保证（或至少默许）资产阶级的这种追求的合法性，资产阶级必须理解、预测、评价、对抗甚至试图包容资本主义的社会矛盾，但这一过程也并不必然是团结、连贯和有效的。

　　其次，在（碎片化的）劳工阶级的政治社会学中，有一个关键议题，马哈茂德·马姆达尼已经观察到，即"社会现实"转变为"政治现实"的过程通常是偶发的、难以预测的（Mamdani 1996：219）。这尤其是因为"当权者有多种手段来分割受压迫者的处境与经历，使其碎片化"（Mamdani 1996：219，272，强调部分为作者所加）。处境的极大差异已经在第八章讨论商品化与农村阶级形成的多种方式以及劳工阶级的异质性时强调过，这就是阶级的经济社会学的复杂性。对阶级的政治社会学而言，正如马姆达尼所建议的，重要的是人们如何感受这些处境。从人们的经验层面上来说，他们并不是普遍地、明显地、全部地感受到他们是一个受剥削、被压迫的阶级，而是感受到一些特定的身份，如"城市人或农村人、工厂工人或农业劳工（以及城市手工艺人和女性农民）、男人或女人、脑力劳动者或体力劳动者、年轻人或老年人、黑人或白人，以及地区、民族和种族差异，如此等等"，这些是彼得·吉本和迈克尔·内奥科斯莫斯所举的例子（Peter Gibbon and Michael Neocosmos 1985：190）。而且，某些资本家在雇用劳动力、组织生产和对付劳工阶级的抵抗时，常常抓住这些相关的社会差异与社会分隔，如性别、年龄、地点（城镇和乡村），还有种族和民族。

因此，芭芭拉·哈里斯·怀特（Barbara Harriss-White）和南迪尼·古朴特（Nandini Gooptu）重申了阶级的政治社会学中的一个中心话题，即"形成阶级意识的努力"（struggle over class）应该早于"阶级之间的斗争"（struggle between classes），前者也是后者得以发生的条件（Harriss-White and Gooptu 2000：89）。在"描绘印度无组织的劳工世界"时，他们揭示了贫困工人在努力形成"阶级意识"的过程中，如何因为性别、种姓、宗教和其他社会差异与社会分隔而发生变化，并受到限制。

他们总结到，印度的绝大部分劳工阶级"仍然在进行前一种努力"——形成阶级意识，而印度的资产阶级已经开始第二种斗争——对劳工进行压迫。这一论断显然可以应用在其他地方，并得以验证。

## 农村的阶级斗争

无疑，南方的农村地区充满斗争。这体现了不同行动者的政治能动性与彼此间的对抗。这些行动者包括农业企业、国家地主阶级和地方地主阶级、农业资本家以及属于不同阶级的"小规模农民"和碎片化的劳工阶级。所有这些斗争都普遍地受到阶级动力的影响（但这不是唯一的影响因素），并以复杂的方式与结构性因素和对其他社会矛盾的感受等相结合。对不同规模、不同形态的能动性而言也是如此，下面将对此进行简要说明。

就"规模"而言，第七章提到地方（如村庄）"反抗的日常形式"。本内迪克特·克弗列特（Benedict Kerkvliet 2009：233）强调说，詹姆斯·斯科特的观点具有长久的意义，即"日常生活中充满了阶级斗争，只是在偶然的情况下才会爆发出来，为人所知"。但是，一般而言，这种日常的"阶级斗争"是与源于其他形式的等级制度的压迫联系在一起的，是由于人们也体验到这些压迫。例如，对斯科特《弱者的武器》的批

判之一就是，它"对性别视而不见"，它忽略了不平等
性别关系的动力与影响，以及女性农民和农场工人的能
动性（Hart 1991）。

除了"反抗的日常形式"，还存在更为公开、更为
集中的斗争，有时在更大的地区范围内发生。这是撒哈
拉以南非洲地区普遍的土地冲突的一个特征。人类学家
波林·彼得斯（Pauline Peters）总结了它们的阶级与非
阶级动力，同时指出了后者如何与前者相关联：

> 为不同目的围绕土地进行的斗争加深了，因为
> 人口增多了，人们要寻求更多、更好的土地，或者
> 为了逃离城市骚乱；农民群体试图强化商品生产与
> 食物生产，同时，规模缩小了的薪水阶层中被裁员
> 的群体也在寻找土地，希望有更多机会获得食物和
> 收入；政府划定了森林和其他保留地的界限，确定
> 了值得保护的区域（通常是迫于捐赠人和国际游说
> 集团的压力）；政府官员和政治精英占有了土地，
> 其手段可疑，也许不合法；地上和地下的宝贵资
> 源（木材、石油、黄金和其他矿产）引起了一些
> 人的疯狂开采，包括从当地无业青年或寻求现金
> 收入的农民，到跨国网络组织（跨国公司、外国
> 政府和非洲政府官员）……不仅对土地的争夺增
> 加了，而且社会分化也在加深。这种分化有多种

形式，包括年轻人与老年人、男人与女人、种族与
宗教之间的冲突等，这也可以揭示新的社会分隔，
总体上可被视为阶级的形成……代与代之间、性别
之间、不同的地区之间、种族和宗教之间的紧张与
冲突不断增多，与之密切相关的是分隔与排他、结
盟与包容的动力，这形成了阶级。（Peters 2004：
279，291，305）

让人震惊的是，当代撒哈拉以南非洲地区最为邪
恶的战争，其实源自长期的土地压力与土地争夺，但
这些战争被国际媒体描述为非洲典型的、固有的"部
落制"和"野蛮行为"的例证。殖民政治与殖民土地
管理的遗留问题，使这些冲突发生了变化。这些冲突
还受到商品化方式的影响，也因为一些因素而变得更为
激烈。这些因素包括：自然资源的开采、气候的变化以
及国际政治集团有选择的干预，如卢旺达和东部刚果
（Pottier 2002），塞拉利昂、科特迪瓦（Chauveau and
Richards 2008），以及达尔富尔（Darfur）地区（Mamda-
ni 2009）的情况。它们是"被标签化为不同地区、种族
或宗教团体之间"的斗争，但也是具有自身阶级动力的
斗争，哪怕这些动力几乎"不可见、不可闻"（Peters
1994：210）。

还有一些非常本地化的斗争，它们具有更明显的阶

级"形态"，特别是考虑到雇佣工人招募、控制和报酬的情况。一类例子是资本主义种植园和资产阶级地产上的工人与雇主之间的斗争。此外，在印度"农民资本主义"活跃的地区，富农、中农与他们的雇工之间存在公开的冲突，这些雇工常常遭到有计划的暴力（Banaji 1990）。当他们的阶级动力与其他社会差异相结合或相混合时，这两种类型的农村阶级斗争都会变得尤其激烈。这些社会差异包括印度农村地区的种姓与性别分隔，以及在种植园劳动力体制中，劳动力雇用过程中常常有意采取的种族歧视问题等。

## 土地上的人们

作为结尾，我将探讨今天有组织的农民运动的一些问题。这些农民运动呈现在区域、国家甚至国际范围内，我将特别提及它们在阶级或其他意义上的"形态"。如果说今天有组织的农民运动与过去伟大的农民运动（第七章）在发生环境、方式或目标上有区别，那么我们能否说它们至少在规模和意义上是彼此接续的呢？埃里克·沃尔夫的《二十世纪的农民战争》把矛头对准了具有"封建"根源的旧制度，如俄国和中国，或具有殖民地根源的旧制度，如墨西哥、越南、阿尔及利亚和古巴。当被纳入资本主义世界经济时（第四章），所有这些旧制度都经历了普遍的变化（即便是不均匀的变化）。这些农民运动围绕土地、地租、税赋、贫穷化、极度压迫和社会不公等问题展开，其发生的背景常常是普遍的社会剧变和战争。通常，它们是更广泛的民族解放和社会革命运动的一部分，运用了游击战和其他战争形式。它们也有自己显著的历史与本土特征，在阶级组成上具有异质性。例如，沃尔夫的解释中有一个与众不同的（也是有争议的）部分，就是他强调了"中农"在这些运动中的战略性作用。

今天，在新自由主义全球化的世界里，出现了新形式的农民运动。在那些支持者看来，这些运动渴望能够包含南方所有"小"规模农民或"全部小农和中等规模的农民"（Desmarais 2007：6，强调部分为作者所加），有时候还要包含北方的"家庭"农民，这些都是"土地上的人们"（people of the land）。声援这些支持者的政治行动反对"农业的公司化……这在全球同时发生，对每个地方的农业人口都造成了损害"（McMichael 2006：473，强调部分为作者所加）。它建议通过发动"全球农政抗争"运动，"将农村文化和生态作为全球财产重新估价"。这是一种"反向农政运动"（agrarian counter-movement），旨在保护或恢复"农民的道路"。在这些农民运动中，"农民之路"（*La Vía Campesina*）就是其中最知名的运动之一（McMichael 2006：472，474，480）。全球的"反向农政运动"是否真的存在，在何种意义上存在，有什么影响，等等，这里都不可能展开来讨论[1]。在这里，我就只提及菲利普·麦克迈克尔的凌云壮志：将所有"土地上的人"联合起来，形成实际上被公司资本剥削的单一阶级。这可以使具有长久传统的农业民粹主义的愿景在新自由主义全球化的当前条件下重获新生，并得到扩大。但是，任何"土地上的人们"的联合都是不可想当然的，除非它建立在地方、区域和国家层面异质的"农民"运动基础上，并考虑其农政变迁的特定过程、不同变体、不同农村阶级所处的环境（经济社会学），以及斗争的特定历史、经验与文化（政治社会学）。以下是几个简要的例子。

巴西拥有广袤的未开垦的私人土地，而且这个国家从未有过大规模的土地再分配运动。"土地问题"通过巴西的"无地农民运动"（MST），具有了全国范围的政治意义。MST"侵入"并占有了未被使用的土地，在那里建立了农业定居点。它具有明显的反资本主义的意识形态：土地是在土地上劳动的人们的共有财产（见第一、三、四章）。但是，MST也和国家机构联系密切，后者为他们提供资金，用于修建基础设施和建立新的农业企业。MST的政治渊源、发展路径和运动文化要追溯至20世纪60年代，那时，MST作为早期的"农民团"（peasant leagues），遭受了军事独裁者的压迫；有些牧师和教会工作者具有激进的"社会"天主教传统；同时，MST 和劳工党结成了地方联盟。MST 利用了将所有成员联合起来的阶级话语，这些成员来自巴西农村，具有不同的社会地位，例如，东北部甘蔗种植区前种植园的工人和南方地区的小农。他们的经历使他们具有不同的期望，而这影响到社区组织和单个家庭之间的关系，包括 MST 定居点的小商品生产。这些小商品生产常常背离了领导者和运动支持者所提倡的集体理想。

如果说作为全国性运动的 MST 反映了工人特定群体和小农之间及其内部的差异，那么在印度某些邦范围内的"新农民运动"（new farmers' movements）中，阶级划分就更为明显了。卡纳塔克邦农民协会（Karnataka State Farmers' Association，KRRS）因为反对转基因的棉花种子，而得到广泛的国际认同，它也是"农民之路"（*La Vía Campesina*）的成员。但是，该农民协会由一直剥削和压迫农村劳动力的富农和中农管理，并为这些富农和中农服务，他们发起运动的目的是获得化肥补贴。简单一点说，从社会和生态意义上来看，KRRS 作为"全球农政抗争"的一个事例，并不如它自己和他人宣称的那样坦诚。

有趣的是，印度的"新农民运动"明确指出，"城里的人们"是"土地上的人们"的对立面。这至少具有强烈的民粹主义传统，即将农民的问题归咎于"城市偏向"（urban bias）。这是指偏向于城市工业发展的政策，或者更一般而言，是偏向于城市居民的政策。例如，牺牲农民的利益，提供"廉价的食物"。因此，这些运动倾向于关注农业与工业产品之间的贸易条件问题（第五、七章）。它们关注价格和农民可以得到的补贴。从这一方面而言，它们与欧盟、美国的农民组织和游说团体没有什么两样，而它们的批评者也将它们看成是被富裕农民的利益所左右的运动。

# 小　结

最后，我提出五个问题作为全书的总结。这些问题源自一本重要论文集《跨国农政运动抗击全球化》（*Transnational Agrarian Movements Confronting Globalization*）（Borras et al. 2008）中的引言部分。这些问题也适用于所有农政抗争的"反向运动"。

（1）发生了（或没有发生）农政运动的农政结构具有哪些特征？

（2）农政运动的社会基础是什么？它们声称自己代表哪个社会阶级和社会群体？这些宣言的可信性如何得到检验？

（3）这些运动提出什么样的问题或需求？这些需求从何而来？有哪些社会力量和政治力量推动或限制了这

些需求？

（4）有什么问题团结或分隔了农政运动，为什么？

（5）在改变它们所挑战的农政结构中，它们采取的行动的有效性如何？这些行动是为了谁的利益？为什么有些农政运动比其他运动更有成效？

此外，我必须增加另一个关系到本书开始时提到的"大背景"的问题："反向农政运动"的主张有多少可信度？它们倡导回到"低投入"的小规模家庭农业的方式，即"再农民化"（re-peasantization），这样做是否能够养活全世界的人口？要知道，相比于过去（当"农民"是世界主要食物生产者时），现在世界人口已经成倍增长，也更加城市化。

这本书分析了农政变迁的阶级动力，所呈现的分析上的复杂性表明，作者努力想要把握住今天资本主义真实世界的某些复杂之处。这个世界从芝加哥期货交易所、农业公司的总部，蔓延到"农民资本主义"活跃地区的阶级分化，直至引言部分所描述的一些贫苦农民与贫苦工人的挣扎。如果活动家要建立并维护从最本土到全球范围内有关农政变迁的进步性政治计划，那么他们必然在实践中面临复杂的挑战。据此，一些诱人的口号，加上一张罗列了英雄与恶棍、好人与坏人的单子，是远远不够的。活动家领导的运动需要有效地分析他们试图改造的社会现实的复杂性与矛盾。在这个资本主义世界里，对阶级动力的解读应该始终是这些分析的出发点和核心要素。

## 注　释

[１] 埃德尔曼（Edelman 2003）对这些运动做了有益的研究。

# 重要词汇

**注**：词汇表中相互交叉的词语已用楷体标出。

**半无产阶级化**（semi-proletarianization）：一种劳工阶级的形成过程，但他们并没有被完全剥夺土地和（或）其他再生产资料，例如，在许多以农村地区为基础的流动劳动力体系中。

**边缘农民**（marginal farmers）：通过自己的耕作不能满足再生产主要需求的农民，是劳工阶级的主要组成部分；参见*半无产阶级化*。

**剥削**（exploitation）：作为非生产者的（统治）阶级占有生产者阶级的剩余产品。

**产量（土地产量）**［yield（land）］：土地生产率的度量方式，指从一定面积的土地上收获的作物数量。

**代际再生产**（generational reproduction）：生产和养育下一代的活动，尤其受性别关系影响。

**单一种植**（monoculture）：在广袤的土地上种植单一的作物，相对于多样化作物种植体系而言。

**"地方"市场**（"vernacular" markets）：产品和服务（特别是土地）事实上已经成为商品的市场，但在法律上缺少私有产权，法律约束力微弱，法律条文模糊不清，而且（或者）有争议。

**地主阶级**（landed property）：以有效地控制土地为基础的一个阶级，不论是在前资本主义时期（如封建制度）还是在有土地私有产权、土地被商品化的资本主义社会都存在。

**帝国主义**（imperialism）：传统上被认为是帝国主义国家对其他社会和国家的领土与人民实行统治的体制；在列宁看来，这是资本主义的"最高阶段"，被最发达的资本主义国家控制，但并不一定需要直接的殖民统治。

**分化**（differentiation）：在阶级的层面上，小商品生产者逐渐分化为资产阶级和劳工阶级；分化过程也受到性别关系及其动力的深刻影响。

**封建制度**（feudalism）：一种"生产方式"，封建地主阶级以地租的形式剥削农民生产者的剩余产品；参见租用储备。

**公共产权**（common property rights）：对土地和其他资源（如水资源、牧场和林地）的权利，这些资源由确定的群体共同所有，群体内成员共享这些资源的使用权。

**国际食物体制**（international food regime）：一套包含社会关系、法则和实践的体系，从19世纪70年代开始建构了世界资本主义农业的劳动与贸易的国际分工。

**技术分工**（technical division of labour）：工人在某一生产单位共同从事不同的任务或劳动过程的组合，如在工厂或农场。

**家庭农民**（family farmer）：大多情况下运用于仅仅使用家庭劳动力的农场；有时也指为家庭所有，并且（或者）由家庭管理，但家庭成员不参与劳作的农场。

**家务劳动**（domestic labour）：做饭、照料孩子等活动，对家庭和社会再生产尤其重要，是典型的被性别关系建构了的活动。

**简单再生产**（simple reproduction）：维持生产和消费同一层次的再生产；实际上，就是没有积累的再生产。

**简单再生产的"挤压"**（simple reproduction 'squeeze'）：小商品生产者在再生产过程中面临再生产为资本和（或）劳动力的压力，与生活资料的商品化相关联，而且常常会导致去农民化。

**阶级**（class）：生产者阶级（劳动者）和非生产者阶级之间的社会生产关系；参见剥削。

**金融化**（financialization）：金融或货币资本主导其他形式资本（工业资本、商业资本等）的过程；有些人认为这是当代全球化趋势的特征，2008 年的金融危机可以作为例证。

**进入成本**（entry costs）：建立一个商品企业，包括"小规模耕作"所需要成本的种类和规模。

**扩大再生产**（expanded reproduction）：资本积累的另外一个名称，与简单再生产形成对比，是为获得更多利润而扩大生产规模所进行的投资。

**劳动过程**（labour process）：特定生产过程中劳动力的组织和活动；参见生产的技术条件和生产的社会条件。

**劳动力**（labour power）：工人所拥有的工作能力，是他们首要的或唯一的商品，用来出卖以换取工资，再购买再生产资料；对资本主义生产方式至关重要。

**劳动力体制**（labour regime）：招募或动员劳动力并组织其进行生产的不同模式。

**劳动生产率**（labour productivity）：某人通过一定的努力（通常用工作或劳动时间来衡量或取平均值）生产的产品或服务的数量。

**能源生产率**（energy productivity）：用于生产一定数量、具有一定能量或卡路里值的粮食的单位能源。

**农民**（peasant）：非常宽泛地说，一般用来指在不同历史时期和条件下，仅能"维持生存"的"小农"，或"家庭农民"。从前资本主义农业社会到今天的资本主义社会都有农民，特别是在南半球。

**农业部门**（agriculture/agricultural sector）：在现代资本主义社会里，农业与其经济利益集团、专门的机构和活动以及影响农民行为与再生产的农业上游与下游行业。

**农业企业**（agribusiness）：投资于农业的不同规模的公司，包括全球性公司；参见农业投入公司和农业食物公司。

**农业食物公司**（agro-food corporations）：投资于农业下游行业的农业企业公司。

**农业投入公司**（agri-input corporations）：投资于农业上游行业的农业企业公司。

**农业资本**（agrarian capital）：投资于农业生产用于实现利润的资本。

**去农民化**（depeasantization）：小农在这一过程中失去了再生产的资料，无法维持作为小农的身份；参见原始积累、无产阶级化、简单再生产的"挤压"。

**圈占**（enclosure）：将土地和其他资源（一般具有公共产权）私有化的过程，这一过程可能实际发生（*de facto*），也可能是通过法律（*de jure*）；参见"地方"市场。

**全球化**（globalization）：被视为（尤其是 20 世纪 70 年代以来）世界资本主义的当代进程而饱受争议；主要标志是几乎无所约束的国际资本市场、金融化，以及新自由主义的政治计划。

**商品化**（commodification）：生产与再生产的要素来自市场交换，并为了市场交换而生产，它受市场交换的原则与强制力制约；资本主义显然是普遍的商品生产体制。

**商品链**（commodity chains）：联结商品生产与最终消费的所有活动；以农业产品为例，商品链从农民的田地延伸到消费者的餐盘，还包括影响这一过程的行动者、制度、社会关系和实践。

**"上游"**（"upstream"）：在农业耕作开始之前，所有保证农业耕作条件的必要活动，如有权使用土地、劳动力、劳动工具，以及商品化（通常是信贷）。

**社会分工**（social division of labour）：（1）较为专门地从事不同产品和服务的生产者之间的社会关系，生产者的活动互为补充；（2）人们根据在特定的社会关系结构中所占据的位置从事不同类型的活动，值得注意的是资本与劳动的阶级关系和性别关系。

**生产**（production）：用劳动来改造自然、满足人类生活条件的过程。

**生产的技术条件**（technical conditions of production）：生产力在劳动过程中的特殊组织形式，包括其技术分工。

**生产的社会条件**（social conditions of production）：影响生产与再生产的全部社会关系、制度和实践，包括生产的技术条件和生产力。

**生产过剩**（overproduction）：资本主义竞争与积累的内在倾向，这一过程中所生产的产品超过了实现平均利润率的可售出量，导致投资于生产领域的资本"贬值"。

**生产力**（productive forces）：科技和技术文化，包括人们自我组织起来、对生产做出决策、从事生产并进行革新的能力，所有这些都受到生产的社会条件影响。

**生产率**（productivity）：使用一定的资源生产出的产品数量；参见能源生产率、劳动生产率、产量。

**生活资料的商品化**（commodification of subsistence）：过去属于"独立"小农的生活资料的要素（因此也是再生产的要素）逐渐受控于市场交换及其强制力（商品化）的过程。

**生态足迹**（ecological footprint）：特定类型的技术所使用的具有生态生产力的土地和海洋面积以及能源的数量，用于：（1）再生产人类所消耗的资源；（2）吸收和处理相应的废弃物。

**生物剽窃**（biopiracy）：对有些农业投入公司的批评，这些公司试图取得植物基因材料的私有"知识产权"的专利。

**剩余产品**（surplus product）：生产者所生产的除满足简单再生

产需求之外的产品，代表"剩余劳动"所生产出的产品；
剥削的基础就是剩余产品被其他阶级占有。

**剩余价值**（surplus value）：资本主义社会剩余劳动的特殊形
式；参见剩余产品。

**使用权**（usufruct rights）：农民能够在土地上耕作、放牧，并
利用森林和水资源等公共财产的权利。

**收益分成制**（sharecropping）：地主阶级出租土地，有时还提
供劳动工具，之后获得收获作物的一部分。

**土地生产率**（land productivity）：参见产量。

**维持生存**（subsistence）：一般指满足简单再生产的条件，在农
民当中，通常是指生产出来的粮食用于自己消费的家庭
农民或小农；参见生活资料的商品化。

**无产阶级化**（proletarianization）：一种过程，其中之前"独立
的"农民、手工业者等转变为劳工阶级；参见生活资料
的商品化、劳动力、原始积累。

**"下游"**（"downstream"）：所有与运出农场之后的农产品有关
的活动，如营销、加工、批发、零售等。

**消费储备**（consumption fund）：产品或收入的一部分，用于满
足生产者及其家人的食物需求和其他基本需求，包括代
际再生产的需要。

**小规模农民**（小农）（small farmer）：特别指农民的土地规模
受限于家庭的可用劳动力，常常被认为是以"维持生存"
或"简单再生产"为目标；在不同的耕作类型中，小规
模农民的土地规模大小不一。

**小商品生产（生产者）**（petty commodity production/producers）：资本主义社会的"小规模"商品生产，将代表阶级地位的资本与劳动结合起来，无论是在家庭还是以个体的形式；受限于阶级分化。

**新自由主义**（neoliberalism）：一种政治和意识形态上的计划与纲领，为了市场和市场中主要的行动者——资本家，而"推开政府"。

**性别**（gender）：男性和女性之间的关系；财产、劳动、收入的分配都是被性别不平等关系所建构的典型；参见家务劳动、代际再生产、社会分工。

**仪式储备**（ceremonial fund）：被用于农村社区集体活动的部分剩余产品，包括收获、宗教活动或"通过仪式"，如结婚和死亡。

**原始积累**（primitive accumulation）：对马克思而言，这是资本主义主要阶级的建立过程；对其他人而言，这一过程在已经建立的资本主义社会仍然持续，常常依靠"超经济"强制的机制，尤其涉及对土地、森林和水资源等的圈占。

**再生产**（reproduction）：利用现在的生产或劳动所获来保证生活和未来生产条件的过程。

**再小农（农民）化**（repeasantization）：之前的边缘农民、半无产者或无产者重新将农业作为他们再生产的主要内容的过程。

**重商主义**（mercantilism）：关于贸易的政治规则体系，更一般而言，也指贸易和商业活动以及专门从事这类活动的人

（商业资本家）。

**资本主义**（capitalism）：在世界范围内建立的独特的社会经济
　　体系，建立在资本与劳动的阶级关系基础之上。

**资本主义积累**（accumulation）：积累利润投资于生产（或贸易
　　与金融），以产生更多的利润；参见扩大再生产。

**租用储备**（fund of rent）：农民或"小农"不得不支付给其他
　　人（地主、放债人、商人等）的部分剩余产品。

# 参考文献

\* 入门级推荐阅读

\*\* 专业级推荐阅读

Albritton, R. 2009. *Let Them Eat Junk: How Capitalism Creates Hunger and Obesity.* London: Pluto Press.

Amin, S. 1976. *Unequal Development: An Essay on the Social Formations of Peripheral Capitalism.* Hassocks: Harvester Press.

Amin, S. 2003. "World Poverty, Pauperization and Capital Accumulation. "*Monthly Review* 55, 5.

Araghi, F. 2009. "The Invisible Hand and the Visible Foot: Peasants, Dispossession and Globalization. "In A. H. Akram-Lodhi and C. Kay( eds. ), *Peasants and Globalization, Political Economy, Rural Transformation and the Agrarian Question.* London: Routledge.

Arrighi, G. 1994. *The Long Twentieth Century: Money, Power and the Origins of Our Times.* London: Verso.

\*\* Arrighi, G. and J. W. Moore. 2001. "Capitalist Development in World Historical Perspective. "In R. Albritton, M. Itoh, R. Westra and A. Zuege ( eds. ), *Phases of Capitalist Development: Booms, Crises and Globalizations.* London: Palgrave.

Bagchi, A. K. 2009. " Nineteenth Century Imperialism and Structural Transformation in Colonized Countries. "In A. H. Akram-Lodhi and C. Kay ( eds. ), *Peasants and Globalization,*

*Political Economy, Rural Transformation and the Agrarian Question.*
London: Routledge.

Banaji, J. 1990. "Illusions about the Peasantry: Karl Kautsky and the Agrarian Question. "*Journal of Peasant Studies* 17, 2.

Banaji, J. 1997. "Modernizing the Historiography of Rural Labour: An Unwritten Agenda. "In M. Bentley ( ed. ) , *Companion to Historiography.* London: Routledge.

Banaji, J. 2002. "The Metamorphoses of Agrarian Capitalism. " *Journal of Agrarian Change* 2, 1.

Banaji, J. 2007. "Islam, the Mediterranean and the Rise of Capitalism". *Historical Materialism* 15, 1.

Banaji, J. 2010. *Theory as History: Essays on Modes of Production and Exploitation.* Leiden: Brill.

Barker, J. 1989. *Rural Communities in Distress: Peasant Farmers and the State in Africa.* Cambridge: Cambridge University Press.

Bauer, A. J. 1979. "Rural Workers in Spanish America: Problems of Peonage and Oppression. "*Hispanic American Historical Review* 59, 1.

Bello, W. 2009. *The Food Wars.* London: Verso.

Bernstein, H. 1981. "Notes on State and Peasantry. "*Review of African Political Economy* 21.

Bharadwaj, K. 1985. "A View of Commercialisation in Indian Agriculture and the Development of Capitalism. "*Journal of Peasant Studies* 12, 4.

** Borras, S. M. , M. Edelman and C. Kay. 2008. "Transnational Agrarian Movements: Origins and Politics, Campaigns and Impact. "In S. M. Borras, M. Edelman and C. Kay( eds. ) , *Transnational Agrarian Movements Confronting Globalization.* Special Issue of *Journal of Agrarian Change* 8, 1 – 2.

Bray, F. 1986. *The Rice Economies: Technology and Development in Asian Societies*. Oxford: Basil Blackwell.

Breman, J. 1996. *Footloose Labour: Working in India's Informal Economy*. Cambridge: Cambridge University Press.

Brenner, R. P. 2001. "The Low Countries in the Transition to Capitalism. "*Journal of Agrarian Change* 1, 2.

Bryceson, D. 1999. "African Rural Labour, Income Diversification and Livelihood Approaches: A Long-term Development Perspective. "*Review of African Political Economy* 80.

Burch, D. 2003. "Production, Consumption and Trade in Poultry. " In N. Fold and B. Pritchard ( eds. ), *Cross-continental Food Chains*. London: Routledge.

Byres, T. J. 1981. "The New Technology, Class Formation and Class Action in the Indian Countryside. "*Journal of Peasant Studies* 8, 4.

Byres, T. J. 1991. "The Agrarian Question and Differing Forms of Capitalist Transition: An Essay with Reference to Asia. "In J. Breman and S. Mundle ( eds. ), *Rural Transformation in Asia*. Delhi: Oxford University Press.

Byres, T. J. 1996. *Capitalism From Above and Capitalism From Below: An Essay in Comparative Political Economy*. London: Macmillan.

Chauveau, J-P and P. Richards. 2008. "West African Insurgencies in Agrarian Perspective: Côte d'Ivoire amd Sierra Leone Compared. " *Journal of Agrarian Change* 8, 4.

Chayanov, A. V. 1966 [ 1925 ] . *The Theory of Peasant Economy*. D. Thorner, B. Kerblay and R. E. F. Smith ( eds. ), Homewood, IL: Richard Irwin for the American Economic Association.

Chayanov, A. V. 1991 [ 1927] . *The Theory of Peasant Co-operatives*. London: I. B. Tauris.

** Chimhowu, A. and P. Woodhouse. 2007. "Customary vs Private Property Rights? Dynamics and Trajectories of Vernacular Land Markets in Sub-Saharan Africa. " *Journal of Agrarian Change* 6, 3.

Chonchol, J. 1970. "Eight Fundamental Conditions of Agrarian Reform in Latin America. "In R. Stavenhagen( ed. ) , *Agrarian Problems and Peasant Movements in Latin America*. New York: Doubleday.

Cordell, D. , J. W. Gregory and V. Piché. 1996. *Hoe and Wage: A Social History of a Circular Migration System in West Africa*. Boulder, CO: Westview Press.

Cowen, M. P. and R. W. Shenton. 1991a. " The Origin and Course of Fabian Colonialism in Africa. " *Journal of Historical Sociology* 4, 2.

Cowen, M. P. and R. W. Shenton. 1991b. " Bankers, Peasants and Land in British West Africa, 1905-1937. " *Journal of Peasant Studies* 19, 1.

** Cronon, W. 1991. *Nature's Metropolis: Chicago and the Great West*. New York: W. W. Norton.

** Crosby, A. W. 1986. *Ecological Imperialism: The Biological Expansion of Europe 900 − 1900*. Cambridge: Cambridge University Press.

Daviron, B. 2002. "Small Farm Production and the Standardization of Tropical Products. " *Journal of Agrarian Change* 2, 2.

Davis, M. 2001. *Late Victorian Holocausts: El Niño Famines and the*

*Making of the Third World*. London: Verso.

\*\* Davis, M. 2006. *Planet of Slums*. London: Verso.

Desmarais, A. A. 2007. *La Vía Campesina: Globalization and the Power of Peasants*. Halifax: Fernwood Publishing.

Djurfeldt, G. 1981. "What Happened to the Agrarian Bourgeoisie and Rural Proletariat Under Monopoly Capitalism? Some Hypotheses Derived from the Classics of Marxism on the Agrarian Question. "*Acta Sociologica* 24, 3.

Duncan, C. A. M. 1996. *The Centrality of Agriculture. Between Humanity and the Rest of Nature*. Montreal: McGill-Queen's University Press.

Edelman, M. 1999. *Peasants Against Globalization: Rural Social Movements in Costa Rica*. Stanford: Stanford University Press.

\*\* Edelman, M. , 2003. "Transnational Peasant and Farmer Movements and Networks. " In M. Kaldor, H. Anheier and M. Glasius( eds. ), *Global Civil Society Yearbook 2003*. London: Sage.

Ellis, F. 1999. "Household Strategies and Rural Livelihood Diversification. "*Journal of Development Studies* 35, 1.

Francks, P. 2006. *Rural Economic Development in Japan from the Nineteenth Century to the Pacific War*. London: Routledge.

Frank, A. G. 1967. *Capitalism and Underdevelopment in Latin America*. New York: Monthly Review Press.

\* Friedmann, H. 1990. "The Origins of Third World Food Dependence. " In H. Bernstein, B. Crow, M. Mackintosh and C. Martin( eds. ), *The Food Question*. London: Earthscan and New York: Monthly Review Press.

Friedmann, H. 1993. "The Political Economy of Food: A Global

Crisis. *"New Left Review* 197.

\*\* Friedmann, H. 2004. "Feeding the Empire: the Pathologies of Globalized Agriculture. "In L. Panitch and C. Leys ( eds. ), *The Socialist Register* 2005. London: Merlin Press.

Friedmann, H. 2006. "Focusing on Agriculture: A Comment on Henry Bernstein's ' Is There an Agrarian Question in the 21st Century? '. *"Canadian Journal of Development Studies* 27, 4.

Friedmann, H. and P. McMichael. 1989. "Agriculture and the State System: the Rise and Decline of National Agricultures, 1870 to the Present. *"Sociologica Ruralis* 29, 2.

Gibbon, P. and M. Neocosmos. 1985. "Some Problems in the Political Economy of' African Socialism '. " In H. Bernstein and B. K. Campbell ( eds. ), *Contradictions of Accumulation in Africa: Studies in Economy and State.* Beverly Hills CA: Sage.

Gilsenan, M. 1982. *Recognizing Islam.* London: Croom Helm.

Goody, J. 2004. *Capitalism and Modernity: The Great Debate.* Cambridge: Polity Press.

Grigg, D. B. 1974. *The Agrarian Systems of the World: An Evolutionary Approach.* Cambridge: Cambridge University Press.

Harriss, J. 1987. "Capitalism and Peasant Production the Green Revolution in India. "In T. Shanin( ed. ), *Peasants and Peasant Societies.* Second edition. Oxford: Blackwell.

Harriss-White, B. and Gooptu, N. 2000. " Mapping India's World of Unorganized Labour. "In L. Panitch and C. Leys ( eds. ), *The Socialist Register 2001.* London: Merlin Press.

Hart, G. 1991. "Engendering Everyday Resistance: Gender, Patronage and Production Politics in Rural Malaysia. *"Journal of Peasant Studies* 19, 1.

Hart, G. 1994. "The Dynamics of Diversification in an Asian Rice Region. " In B. Koppel, J. N. Hawkins and W. James (eds. ), *Development or Deterioration? Work in Rural Asia*. Boulder, CO: Lynne Reinner.

* Hartmann, B. and J. K. Boyce. 1983. *A Quiet Violence: View from a Bangladesh Village*. London: Zed Books.

Harvey, D. 2005. *A Brief History of Neoliberalism*. Oxford: Oxford University Press.

Hazell, P. , C. Poulton, S. Wiggins and A. Dorward. 2007. *The Future of Small Farms for Poverty Reduction and Growth*. Washington: IFPRI (International Food Policy Research Institute). 2020 Discussion Paper 42.

Hilferding, R. 1981[1910]. *Finance Capital*. London: Routledge & Kegan Paul.

Hill, P. 1963. *The Migrant Cocoa Farmers of Southern Ghana*. Cambridge: Cambridge University Press.

IFAD 2001. *Rural Poverty Report 2001: The Challenge of Ending Rural Poverty*. Rome: International Fund for Agricultural Development.

Kautsky, K. 1988 [1899] . *The Agrarian Question*. Two volumes. P. Burgess, trans. London: Zwan.

Kay, C. 1974. "Comparative Development of the European Manorial System and the Latin American Hacienda System. " *Journal of Peasant Studies* 2, 1.

Kay, G. 1975. *Development and Underdevelopment*. London: Macmillan.

Kerkvliet, B. J. Tria. 2009. "Everyday Politics in Peasant Societies (and Ours). " *Journal of Peasant Studies* 36, 1.

* Kitching, G. 1982. *Development and Underdevelopment in Historical Perspective*. London: Methuen.

** Kitching, G. 2001. *Seeking Social Justice through Globalization*. University Park PA: Pennsylvania State University Press.

** Kloppenburg Jr, J. R. 2004. *First the Seed: The Political Economy of Plant Biotechnology*. Second edition. Madison: University of Wisconsin Press.

Koning, N. 1994. *The Failure of Agrarian Capitalism: Agrarian Politics in the United Kingdom, Germany, the Netherlands and the USA, 1846 – 1919*. London: Routledge.

Lenin, V. I. 1964a[1899]. *The Development of Capitalism in Russia: The Process of the Formation of a Home Market for Large-Scale Industry*. In *Collected Works* Volume 3, Moscow: Progress Publishers.

Lenin, V. I. 1964b[1916]. *Imperialism, The Highest Stage of Capitalism*. In *Collected Works* Volume 22, Moscow: Progress Publishers.

Low, D. A. 1996. *The Egalitarian Moment: Asia and Africa 1950 – 1980*. Cambridge: Cambridge University Press.

Mamdani, M. 1987. "Extreme but not Exceptional: Towards an Analysis of the Agrarian Question in Uganda. "*Journal of Peasant Studies* 14, 2.

Mamdani, M. 1996. *Citizen and Subject: Contemporary Africa and the Legacy of Late Colonialism*. Cape Town: David Philip.

Mamdani, M. 2009. *Saviors and Survivors: Darfur, Politics and the War on Terror*. London: Verso.

Mann, S. A. and J. M. Dickinson. 1978. "Obstacles to the Development of a Capitalist Agriculture. "*Journal of Peasant Studies*

5,4.

Martinez-Alier, J. 2002. *The Environmentalism of the Poor*. Chel-
tenham: Edward Elgar.

Marx, K. 1973. *Grundrisse: Foundations of the Critique of Political E-
conomy( Rough Draft)*. Harmondsworth: Penguin( from Marx's
notebooks of 1857 – 8; Martin Nicolaus, trans. ).

Marx, K. 1976[ 1867]. *Capital*. Volume I. Ben Fowkes, trans.
Harmondsworth: Penguin.

\* Mazoyer, M. and L. Roudart. 2006. *A History of World Agriculture
from the Neolithic Age to the Current Crisis*. London: Earthscan.

Mbilinyi, M. 1990. "Structural Adjustment, Agribusiness and
Rural Women in Tanzania. " In H. Bernstein, B. Crow,
M. Mackintosh and C. Martin ( eds. ), *The Food Question*.
London: Earthscan and New York: Monthly Review Press.

McMichael, P. 2006. "Reframing Development: Global Peasant
Movements and the New Agrarian Question. " *Canadian Jour-
nal of Development Studies* 27,4.

Mendes, C. 1992. "The Defence of Life. " *Journal of Peasant Stud-
ies* 20,1.

Moore Jr. , Barrington. 1966. *Social Origins of Dictatorship and De-
mocracy: Lord and Peasant in the Making of the Modern World*.
Boston: Beacon Press.

Moore, J. W. 2003. "The Modern World-System as Environ-
mental History? Ecology and the Rise of Capitalism. " *Theory
& Society* 32,3.

Moore, J. W. 2010a. "' Amsterdam is Standing on Norway'.
Part I: The Alchemy of Capital, Empire, and Nature in the
Diaspora of Silver, 1545 – 1648. " *Journal of Agrarian Change*

10, 1.

Moore, J. W. 2010b. "'Amsterdam is Standing on Norway'. Part II: The Global North Atlantic in the Ecological Revolution of Seventeenth Century Capitalism. *"Journal of Agrarian Change* 10, 2.

Myrdal, G. 1968. *Asian Drama: An Inquiry into the Poverty of Nations*. Three volumes. New York: Pantheon Books.

Panitch, L. and C. Leys. 2000. "Preface." In L. Panitch and C. Leys( eds. ), *The Socialist Register 2001*. London: Merlin Press.

Patel, Raj. 2007. *Stuffed and Starved: Markets, Power and the Hidden Battle for the World's Food System*. London: Portobello Books.

Peters, P. E. 1994. *Dividing the Commons: Politics, Policy and Culture in Botswana*. Charlottesville: University of Virginia Press.

** Peters, P. E. 2004. "Inequality and Social Conflict over Land in Africa. *"Journal of Agrarian Change* 4, 3.

Polanyi, K. 1957 [ 1944 ] . *The Great Transformation: The Political and Economic Origin of our Time*. Boston: Beacon Press.

Pomeranz, K. 2000. *The Great Dovergence: China, Europe and the Making of the Modern World Economy*. Princeton: Princeton University Press.

Post, C. 1995. "The Agrarian Origins of US Capitalism: the Transformation of the Northern Countryside Before the Civil War. *"Journal of Peasant Studies* 22, 3.

Pottier, J. 2002. *Re-Imagining Rwanda: Conflict, Survival and Disinformation in the Late Twentieth Century*. Cambridge: Cambridge University Press.

Preobrazhensky, E. 1965 [ 1926 ] . *The New Economics*. Brian

Pearce, trans. Oxford: Clarendon Press.

Richards, P. 1986. *Coping with Hunger: Hazard and Experiment in an African Rice Farming System.* London: Allen & Unwin.

Sahlins, M. 1972. *Stone Age Economics.* Chicago: Aldine.

Schwartz, H. M. 2000. *States versus Markets: The Emergence of A Global Economy.* Houndmills, Basingstoke: Palgrave.

Scott, J. C. 1985. *Weapons of the Weak: Everyday Forms of Peasant Resistance.* New Haven: Yale University Press.

Scott, J. C. 2005. "Afterword to ' Moral Economies, State Spaces, and Categorical Violence'. "*American Anthropologist* 107, 3.

Sen, A. 1981. *Poverty and Famines.* Oxford: Oxford University Press.

Sender, J. and S. Smith. 1986. *The Development of Capitalism in Africa.* London: Methuen.

Shanin, T. 1986. "Chayanov's Message: Illuminations, Miscomprehensions, and the Contemporary ' Development Theory'. "In A. V. Chayanov, D. Thorner, B. Kerblay and R. E. F. Smith (eds.), *The Theory of Peasant Economy.* Second edition. Madison: University of Wisconsin Press.

Shelley, T. 2007. *Exploited: Migrant Labour in the New Global Economy.* London: Zed Books.

Silver, B. J. and G. Arrighi. 2000. "Workers North and South. " In L. Panitch and C. Leys(eds.), *The Socialist Register 2001.* London: Merlin Press.

Stolcke, V. and M. M. Hall. 1983. "The Introduction of Free Labour on São Paulo Coffee Plantations". *Journal of Peasant Studies* 10, 2/3.

Stoler, A. 1985. *Capitalism and Confrontation in Sumatra's Plantation*

*Belt, 1870 – 1979.* New Haven: Yale University Press.

Striffler, S. 2004. "Class Formation in Latin America: One Family's Enduring Journey between Country and City. "*International Labor and Working-Class History* 65.

Therborn, G. 2007. "After Dialectics: Radical Social Theory in a Post-Communist World. "*New Left Review* (NS) 43.

** van der Ploeg, J. D. 2008. *The New Peasantries: Struggles for Autonomy and Sustainability in an Era of Empire and Globalization.* London: Earthscan.

von Freyhold, M. 1979. *Ujamaa Villages in Tanzania: Analysis of a Social Experiment.* London: Heinemann.

Wallerstein, I. 1979. *The Capitalist World-Economy.* Cambridge: Cambridge University Press.

Warren, B. 1980. *Imperialism: Pioneer of Capitalism.* London: Verso.

* Weis, T. 2007. *The Global Food Economy: The Battle for the Future of Farming.* London: Zed Books.

Whitcombe, E. 1980. "Whatever Happened to the Zamindars?" In E. J. Hobsbawm, W. Kula, A. Mitra, K. N. Raj and I. Sachs( eds. ), *Peasants in History: Essays in Honour of Daniel Thorner.* Calcutta: Oxford University Press.

Williams, G. 1976. "Taking the Part of Peasants. "In P. Gutkind and I. Wallerstein ( eds. ), *The Political Economy of Contemporary Africa.* Beverly Hills CA: Sage.

* Wolf, E. 1966. *Peasants.* Englewood Cliffs, NJ: Prentice Hall.

** Wolf, E. 1969. *Peasant Wars of the Twentieth Century.* New York: Harper and Row.

Wolford, W. 2003. "Producing Community: the MST and Land

Reform Settlements in Brazil. "*Journal of Agrarian Change* 3, 4.

Wood, E. Meiksins. 2003. *Empire of Capital.* London: Verso.

World Bank. 2007. *World Development Report 2008: Agriculture for Development.* Washington: World Bank.

# 术语表

accumulation by dispossession　剥夺式积累

agrarian capital　农业资本

agrarian change　农政变迁

agrarian counter-movement　反向农政运动

agrarian society　农业社会

agricultural interest　农业利益集团

agricultural revolution　农业革命

agricultural sector　农业部门

agriculture beyond the farm　农场之外的农业

agri-input corporation　农业投入公司

agri-input industry　农业投入行业（产业）

agro-food corporation　农业食物公司

agro-food industry　农业食物行业（产业）

Alliance for Progress　争取进步联盟

appropriation of surplus labour　剩余劳动的占有

austerity measure　财政紧缩措施

capital-intensive　资本密集型

capitalist farmer　资本主义租地农场主

capitalist mode of production　资本主义生产方式

causal factor　因果变量、诱因

ceremonial fund　仪式储备

class differentiation　阶级分化

class place　阶级地位

classes of labour　劳工阶级

closed-loop agro-ecological systems　循环的农业生态系统

collective worker　总体劳动者

commodification of subsistence　生活资料的商品化

commodity chain　商品链

commodity of labour power　劳动力商品

Common Agriculture Policy　共同农业政策（简称 CAP）

common property rights　公共产权

comparative advantage　比较优势

concessionary company　特许公司

Confined Animal Feeding Operations　封闭动物饲养法（简称 CAFO，亦称集中型动物饲养经营）

constant capital　不变资本

consumption fund　消费储备

contradictory unity　矛盾统一体

counter-movement　反向运动

de-agrarianization　去农业化

debt bondage　债务奴役、债奴、债务奴

de-peasantization　去小农化、去农民化

developmental state　发展型国家

disposable income　可支配收入

diversification for accumulation　多样化积累

domestic labour　家务劳动

East India Company　东印度公司

ecological footprint　生态足迹

Ecological Imperialism　生态帝国主义

economically active population　经济活动人口

marginal farming　边缘农业

economies of scale　规模经济

effective demand　有效需求

energy productivity　能源生产率

Engel's Law　恩格尔定律

entry costs　进入成本

environmental damage　环境损害

everyday forms of peasant resistance　农民反抗的日常形式

expanded reproduction of capital　资本的扩大再生产

expanded reproduction　扩大再生产

export-led growth　出口带动经济增长

extra-economic coercion　超经济强制

family farm　家庭农场

family farmer　家庭农民

family farming　家庭农业

family labour　家庭劳动力

food aid　粮食援助、粮援

footloose labour　自由劳工

forced commercialization　强制商品化

full proletarianization　完全无产阶级化

fund of rent　租用储备

futures market　期货市场

General Agreement on Tariffs and Trade　关税及贸易总协定（简称 GATT）

generational reproduction　代际再生产

Genetically Modified Organism　转基因生物（简称 GMO）

global agrarian resistance　全球农政抗争

Global New Deal　全球新政

Green Revolution　绿色革命

high farming　广施化肥的耕作方法

high yielding variety　高产品种（简称 HYV）

historical periodization　历史分期

import substitution　进口替代

indentured labour　契约劳工

indentured worker　契约劳工

indirect rule　间接统治

industrial capital　工业资本

industrial capitalism　工业资本主义

industrial crop　工业原料作物

industrial plantation　工业种植园

industrial revolution　工业革命

industrial sector　工业部门

informal economy 非正式经济、非正规经济

Initiatives in Critical Agrarian Studies 国际农政研究会（简称 ICAS）

instruments of labour 劳动资料、劳动工具

integrated rural development programs 综合农村发展计划

International Food Regime 国际食物体制（简称 IFR）

International Fund for Agricultural Development 国际农业发展基金（简称 IFAD）

International Monetary Fund 国际货币基金组织（简称 IMF）

jewel in the crown 皇冠上的宝石

Karnataka State Farmers' Association 卡纳塔克邦农民协会（简称 KRRS）

*La Vía Campesina* 农民之路（西班牙语）

labor productivity 劳动生产率

labour power 劳动力

labour process 劳动过程

labour regime 劳动力体制、劳动力制度

labour rent 劳役地租

labour reserve 劳动力储备

labour service 徭役、劳役

land alienation 土地隔离

land productivity 土地生产率

land to the tiller 耕者有其田

landed property 地主阶级、土地所有制、土地所有权、地产

landless labour　无地劳动者

Landless Workers Movement　无地农民运动（简称 MST）

life expectancy　预期寿命

livelihood diversification　生计多样化

macro-region　宏观区域

marginal farmer　边缘农民

market-friendly　亲善市场的

means of production　生产资料

means of subsistence　生活资料

merchant capital　商人资本

middle peasant　中农

national development　国家发展

native reserve　土著保留地

Nature's Metropolis　自然的大都市

neo-Europes　新欧洲

neoliberal globalization　新自由主义全球化

New Deal　新政

new farmers' movement　新农民运动

nomadic pastoralism　游牧

nomadic shifting cultivation　游耕

non-farm income　非农业收入

non-renewable resources　不可再生资源

off-farm activities　非农活动

peasant elimination　消灭农民

peasant farmer 小农、自耕农

peasant league 农民团

peasantization 农民化

Permanent Settlement 常年结算（制）

petty commodity producer 小商品生产者

petty commodity production 小商品生产

poor peasant 贫农

primitive accumulation 原始积累

private property rights 私人产权

productive accumulation 生产性积累

productive capital 生产资本

productive forces 生产力

rate of profit 利润率

rate of surplus value 剩余价值率

rent in kind 实物地租

rent in money 货币地租

re-peasantization 再农民化、再小农化

replacement fund 重置储备

resource neutral 与资源无关

revenue collector 税吏

rich peasant 富农

rites of passage 通过仪式

ruling class 统治阶级

ruralization 农村化

*ryotwari* system　莱特瓦尔制

scale neutral　与规模无关

Scramble for Africa　瓜分非洲

self-employment　自我雇用

self-exploitation　自我剥削

semi-proletarianization　半无产阶级化

settled agriculture（farming）　农业、农耕

sharecropping　收益分成（制）

simple reproduction　简单再生产

simple reproduction squeeze　简单再生产的挤压

small farm　小规模农场

small farmer　小规模农民、小农

small scale farming　小规模农业耕作

small-scale farmer　小规模农民

social conditions of production　生产的社会条件

social difference　社会差异

social differentiation　社会分化

social division of labour　社会分工

social division　社会分隔

southern cone　南锥

state peasantry　国家农民阶级

state-led development　国家主导的（型）发展

structural adjustment program　结构调整计划

struggle between classes　阶级之间的斗争

struggle over class 形成阶级意识的努力

Sub-Saharan Africa 撒哈拉以南非洲地区

subsistence plus model 生计＋模型

substantial cultivator 大种植户

sufficient condition 充分条件

supermarket revolution 超市革命

surplus drain 剩余流出

surplus labour 剩余劳动

surplus product 剩余产品

surplus value 剩余价值

swidden agriculture 焚林农业

taking the part of peasants 站在农民一边

tax-farmer 税农

technical change 技术进步

technical conditions of production 生产的技术条件

technical division of labour 技术分工

tenant farmer 租地农场主

terms of trade 贸易条件

the Corn Laws 谷物法

the dull compulsion of economic forces 经济力量的无声强制

the whole is greater than the sum of its parts 整体大于部分之和

trade economy 贸易经济

Trade-Related Aspects of Intellectual Property Rights 《与贸易有关的知识产权协议》（简称 TRIPs） trading house 贸易行

unintended consequence 未能预期的结果

urban bias 城市偏向

Uruguay round 乌拉圭回合

USAID 美国国际开发署

variable capital 可变资本

vernacular market 地方市场

wage labour 雇佣劳工、雇佣劳动

World Trade Organization 世界贸易组织（WTO）

*Zamindar* 柴明达尔

# 人名表

Albritton, Robert 罗伯特·阿尔布里坦

Amin, Samir 萨米尔·阿明

Araghi, Farshad 法夏德·阿拉吉

Arrighi, Giovanni 乔万尼·阿里吉

Bagchi, Amiya Kumar 阿米亚·库马尔·巴格奇

Baglioni, Elena 埃莱娜·巴廖尼

Balibar, Etienne 艾蒂安·巴利巴尔

Banaji, Jairus 亚伊勒斯·巴纳吉

Barker, Jonathan 乔纳森·巴克

Bello, Walden 沃尔登·贝洛

Bernstein, Henry 亨利·伯恩斯坦

Bharadwaj, Krishna 克里希纳·巴拉德瓦杰

Borras, Saturnino 萨图尼诺·博拉斯

Boyce, James 詹姆斯·博伊斯

Breman, Jan 杨·布雷曼

Byres, Terence 特伦斯·拜尔斯

Chayanov, A. V. 恰亚诺夫

Chonchol, Jacques 雅克·琼乔尔

Cordell, Dennis 丹尼斯·科德尔

Cowen, Michael 米凯尔·考恩

Cronon, William　威廉·克罗农

Crosby, Alfred　艾尔弗雷德·克罗斯比

Davis, Mike　迈克·戴维斯

Desmarais, Annette　安妮特·德马雷

Duncan, Colin　科林·邓肯

Edelman, Marc　马克·埃德尔曼

Ellis, Frank　弗兰克·埃利斯

Engel, Ernst　恩斯特·恩格尔

Fernandes, Bernardo Mançano　贝尔纳多·曼卡诺·费尔南德斯

Frank, Andre Gunder　安德烈·冈德·弗兰克

Frei Ruiz-Tagle, Eduardo　爱德华多·弗雷

Friedmann, Harriet　哈丽雅特·弗里德曼

Gibbon, Peter　彼得·吉本

Gilsenan, Michael　迈克尔·吉瑟南

Gooptu, Nandini　南迪尼·古朴特

Grigg, David　戴维·格里格

Haj, Mahmud　马哈茂德·哈吉

Harriss, John　约翰·哈里斯

Harriss-White, Barbara　芭芭拉·哈里斯-怀特

Hartmann, Betsy　贝特西·哈特曼

Harvey, David　戴维·哈维

Hazell, Peter　彼得·黑兹尔

Hilferding, Rudolf　鲁道夫·希法亭

Hill, Polly　波莉·希尔

Javier　哈维尔

Kautsky, Karl　卡尔·考茨基

Kay, Cristóbal　克里斯托瓦尔·凯

Kerkvliet, Benedict Tria　本内迪克特·特里亚·克弗列特

Kitching, Gavin　加文·基钦

Kloppenburg Jr. , Jack Ralph　杰克·拉尔夫·克洛彭堡

Koning, Niek　耐克·科宁

Lerche, Jens　延斯·莱尔歇

Low, David　戴维·洛

Low, Donald Anthony　唐纳德·安东尼·洛

Mamdani, Mahmood　马哈茂德·马姆达尼

Maria　玛丽亚

Martinez-Alier, Joan　霍安·马丁内斯·阿列尔

Marx, Karl　卡尔·马克思

Mazoyer, Marcel　马塞尔·马佐耶

Mbilinyi, Marjorie　玛乔丽·姆比利尼

McMichael, Philip　菲利普·麦克迈克尔

Mendes, Chico　奇科·门德斯

Moore Jr. , Barrington　巴林顿·摩尔

Moore, Jason　杰森·摩尔

Myrdal, Gunnar　冈纳·缪尔达尔

Nasser　纳赛尔

Nehru　尼赫鲁

Neocosmos, Michael　迈克尔·内奥科斯莫斯

Paco　帕科

Patel, Raj　拉吉·帕特尔

Peters, Pauline　波林·彼得斯

Polanyi, Karl　卡尔·波兰尼

Preobrazhensky　普列奥布拉任斯基

Richards, Paul　保罗·理查兹

Roudart, Laurence　洛朗斯·胡达尔

Savitri, Laksmi　拉克希米·莎维德丽

Schwartz, Herman　赫尔曼·施瓦茨

Scott, James　詹姆斯·斯科特

Shanin, Teodor　提奥多·沙宁

Shelley, Toby　托比·雪莱

Shenton, Robert　罗伯特·申顿

Silver, Beverly　贝弗利·西尔弗

Spoor, Max　马克斯·斯波尔

Stoler, Ann　安·斯托勒

Striffler, Steve　史蒂夫·施特里夫勒

Therborn, Göran　戈兰·瑟伯恩

van der Ploeg, Jan Douwe　扬·杜威·范德普勒格

Veltmeyer, Henry　亨利·费尔特迈尔

Wallerstein, Immanuel　伊曼纽尔·沃勒斯坦

Weis, Tony　托尼·魏斯

Whitecombe, Elizabeth　伊丽莎白·惠特科姆

Wise, Raúl Delgado　劳尔·德尔加多·怀斯

Wolf, Eric　埃里克·沃尔夫

图书在版编目（CIP）数据

农政变迁的阶级动力／（英）亨利·伯恩斯坦
（Henry Bernstein）著；汪淳玉译. -- 修订本. -- 北
京：社会科学文献出版社，2020.6（2022.1重印）
（农政与发展研究丛书）
　　书名原文：Class Dynamics of Agrarian Change
　　ISBN 978 - 7 - 5201 - 6056 - 8

　　Ⅰ.①农…　Ⅱ.①亨…②汪…　Ⅲ.①农地制度－变
迁－动力（哲学）－研究　Ⅳ.①F301.1

　　中国版本图书馆 CIP 数据核字（2020）第 014319 号

农政与发展研究丛书
农政变迁的阶级动力（修订版）

著　　者／〔英〕亨利·伯恩斯坦（Henry Bernstein）
译　　者／汪淳玉
译　　校／叶敬忠

出 版 人／王利民
组稿编辑／宋月华
责编编辑／韩莹莹
责任印制／王京美

出　　　版／社会科学文献出版社·人文分社（010）59367215
　　　　　　　地址：北京市北三环中路甲 29 号院华龙大厦　邮编：100029
　　　　　　　网址：www. ssap. com. cn
发　　　行／社会科学文献出版社（010）59367028
印　　装／三河市东方印刷有限公司

规　　格／开本：880mm × 1230mm　1/32
　　　　　　印　张：7.25　字　数：131 千字
版　　次／2020 年 6 月第 1 版　2022 年 1 月第 2 次印刷
书　　号／ISBN 978 - 7 - 5201 - 6056 - 8
著作权合同
登 记 号／图字 01 - 2011 - 5854 号
定　　价／68.00 元

读者服务电话：4008918866